SATIE

DU MÊME AUTEUR

Romans

Beau Regard, Seuil, « Fiction & Cie », 1990 ; « Points », n° P766.

L'Horloge universelle, Seuil, « Fiction & Cie », 1992.

Hémisphère Nord, Seuil, « Fiction & Cie », 1995 ; « Points », n° P1034 (prix Rossel).

L'Artiste, la Servante et le Savant, *Deux monologues*, Seuil, « Fiction & Cie », 1997.

La Géométrie des sentiments, Seuil, « Fiction & Cie », 1998 ; « Points », n° P1413.

L'Oculiste noyé, récits, Seuil, « Fiction & Cie », 2001.

Tripp, Seuil, « Fiction & Cie », 2002.

Le Cousin de Fragonard, Seuil, « Fiction & Cie », 2006 ; « Points », n° P2049 (Grand Prix du roman de la SGDL/prix Verdickt-Rijbans).

La Nuit du monde, Seuil, « Fiction & Cie », 2010.

Le Bonheur des Belges, Grasset, 2012 ; Livre de Poche, n° 33219, 2013.

L'Autre Simenon, Grasset, 2015.

Le Roi, Donald Duck et les vacances du dessinateur, Grasset, 2018.

La Vie de famille, Grasset, 2020.

Ma vie d'écrivain, Grasset, 2021.

Nouvelle Vague, roman, Grasset, 2023.

Essais littéraires

La Traversée des plaisirs, Grasset, 2014.

Éloge du génie, *Vilhelm Hammershøi, Glenn Gould, Thomas Bernhard*, Arléa, 2019.

(Suite en fin de volume)

PATRICK ROEGIERS

SATIE

roman

BERNARD GRASSET
PARIS

Photo de la bande : © Darchivio/opale.photo.

ISBN 978-2-246-83882-1

À tous ceux qui
ne sont plus là.

« Si quelqu'un trouvait quelque chose
de vraiment neuf, je recommencerais tout. »

Erik Satie

Première partie

CHAPITRE 1

Éric Satie n'avait pas un bon souvenir de sa petite enfance. Il était né à Honfleur, à 9 heures du matin, le 17 mai 1866, l'année où Gustave Courbet peignait *L'Origine du monde*, aussi illustre que *La Joconde*. « Est-ce le vagin de ma mère ? », s'interrogeait-il en découvrant ces deux cuisses écartées qui formaient des vallées de chair rose surmontées comme la crête d'une colline par un duvet velu, sombre, chaleureux et accueillant. Conçu au cours du voyage de noces de ses parents en Écosse, réputée pour le plaid, la cornemuse et le whisky, Éric Satie était l'aîné de quatre enfants. Suivaient sa sœur Olga, son frère Conrad, de trois ans son cadet, et sa sœur Diane qui n'avait vécu qu'un an. Elle était morte en 1872, la même année que sa mère, Jane Leslie Anton, anglaise et protestante, née à Londres, décédée d'une crise cardiaque à trente-quatre ans, lorsqu'il avait six ans. Et six ans plus tard, le 14 septembre 1878, expirait sa grand-mère, Eulalie, lors d'un bain de mer.

On l'avait retrouvée sur la plage d'Honfleur, rongée par les poissons jusqu'aux arêtes. Éric Satie avait douze ans. « On m'a volé mon enfance », soupirait-il, sans que nul l'entende.

Venu au monde avant sa naissance, Satie était né différent. Jeune et sans âge, il avait grandi 122 rue Haute, la ruelle la plus basse de la ville, où demeurait des années plus tard son grand-père, Jules, que la disparition brutale d'Eulalie, sans doute foudroyée pendant un orage, avait rendu bigot. Mis en pension au bout de sa venelle natale et myope de naissance, il avait passé une jeunesse et une adolescence quelconques, de son propre aveu, « sans traits dignes d'être relatés dans de sérieux écrits ».

Après ces drames en série, il avait quitté sa cité d'origine avec Olga et Conrad, puis il était revenu à Honfleur, « berceau de l'impressionnisme ». Alfred, son père, anglophobe et polyglotte, qui parlait au moins huit langues et exerçait le métier de courtier maritime, avait confié sa progéniture à ses parents. Découvrant la musique d'église et s'adonnant durant quatre ans à un fastidieux début d'apprentissage, Éric Satie avait été élevé jusqu'à douze ans par des aïeux trop âgés, d'où l'avis tout à fait fondé qu'il avait émis plus tard : « Je suis venu au monde très jeune, dans un monde trop vieux. »

Timide par excès, farouchement solitaire, Satie était déjà lui-même à treize ans et il se forgeait un univers neuf, original, très singulier, peu accessible aux autres. Sa mère lui avait appris l'anglais dans sa prime enfance, mais il n'en faisait pas usage et ne s'exprimait jamais dans cette langue « maternelle », après son trépas. On croyait qu'il n'en savait pas un mot et restait muet comme une carpe ou une tombe à ce sujet, trop touché par l'émoi que suscitait en lui le souvenir de son absence. Le silence était désormais la langue dans laquelle il se taisait.

Replié sur lui-même, Satie n'était pas un doux rêveur, mais il considérait le monde à sa façon. Il construisait son univers unique et insolite comme il le ferait toute sa vie. Ce qui est bizarre l'attirait et le fascinait. Ce qui est commun l'irritait et le mettait en colère. La fantaisie était pour lui une preuve d'équilibre. Tout artiste est un cas particulier. Satie n'avait pas d'indulgence pour la banalité. Il était intolérant avec ce qui va de soi : l'habituel, le conforme, le normal, le convenable le dégoûtaient. Sa sensibilité, exacerbée, se développait très tôt et allait de pair avec sa susceptibilité, très prononcée. Prématurément isolé, Satie s'impatientait de découvrir ce qu'il portait en lui et qu'il avait envie de vivre. La première chose à faire, c'était de quitter Honfleur.

Quelle raison avait-il d'y rester ?

C'était une petite ville où les bateaux marchaient dans les rues. Le principal point d'attraction était le port où l'on écoulait des huîtres, des étrilles, des crabes, des araignées vivantes, des pieuvres glauques et gluantes, et toutes sortes de poissons tels la dorade, la sole, la limande et la raie, qui avaient dévoré sa grand-mère. Honfleur était son port d'attache, son berceau, son bercail dont le maître était Eugène Boudin, parrain et ami de Monet. Il vivait face à la mer et dépeignait la plage de sable jaune avec des dames élégantes en robes blanches, sous un parasol ou à l'abri d'une tente à rayures comme le voulait la mode naissante des bains de mer. Il dévoilait le littoral et le ciel ombrageux, nuageux, orageux, moutonneux de Normandie, ce qui lui valait d'être surnommé « le Roi des ciels » par Corot, son maître. Satie n'aimait pas le pittoresque de Boudin, loué par Baudelaire, qui le traitait de « peintre des beautés météorologiques », ce qu'illustrait avec à-propos cet échange de marins-pêcheurs ragotant sur le vieux port.

— Vous l'aimez ?
— C'est un peintre météorologique.
— Pourquoi ?
— En regardant ses tableaux, on voit l'heure qu'il est et en quel mois on est.

— C'est tout ?
— Non, on devine aussi d'où vient le vent.
— C'est un baromètre.
— C'est bien utile.
— Mais ce n'est pas ce qu'on attend d'un peintre, concluait l'autre au nez de cabillaud.

Pour Boudin, le ciel et la mer, noyés dans une même grisaille, ne faisaient qu'un. Courbet disait que le cidre, qui faisait la fierté, et la prospérité, de la Normandie, n'était bon qu'à se laver les mains. Satie aimait plus que tout ses « portraits de vagues » qui échouaient en rouleaux sur le rivage. Adepte du réalisme et de la modernité, Courbet, qui nageait par tous les temps, les peignait d'une touche robuste en deux tons : le ciel en brun, tabac ou ocre, en surplomb de la ligne d'horizon, fermement tracée, et les bourrelets du vent, l'écume et la fureur de l'élément liquide saisi à pleines mains dans sa splendeur éructante. C'était nouveau. On n'avait jamais vu cela. Satie l'avait aimé sitôt qu'il l'avait vu. Ce n'était pas trop moderne pour lui. Il pensait comme le peintre, qui bégayait adolescent, que la mer n'était qu'un espace rempli d'eau. Courbet donnait des vagues au moins trois versions de grande dimension. Titrées *La Vague*, *La Mer orageuse*, mais aussi *La Vague*, ou *La Marée montante*, toutes de 1869, alors que Satie avait trois ans, ces toiles avaient une taille qu'aucun peintre n'avait jamais consacrée à ce sujet. Ce n'était pas la mer qui occupait l'immensité du tableau, mais les vagues mêmes saisies dans leur pleine puissance. Un déferlement d'eau bouillonnante sautait à la face du visiteur éclaboussé des pieds à la tête tandis qu'il contemplait de la côte ce débordement violent, tourmenté, mouvant, mouvementé. L'éther bourbeux se mêlait au ressac, aux remous des lames traitées dans des nuances foncées de gris, de noir sombre et de bave blanche. En regardant, on entendait le grondement furieux des flots rugissants qui échouaient sur les galets, et la grève où s'étalait la salive fougueuse gorgée d'embruns, de sel et d'eau. Satie adorait ces tableaux véhéments, brossés avec une vigueur revigorante sous un ciel d'orage menaçant, impermanent, imprévisible, sans cesse renouvelé et impossible à dompter, que le peintre appelait des « paysages de mer », qu'il préférait, autant de loin que de près, aux mièvres « marines » où excellait Boudin.

CHAPITRE 2

Quittant Honfleur où il était resté jusqu'à douze ans, Éric Satie s'était fixé en 1878 à Paris où il retrouvait son père, Alfred, qui avait beaucoup vieilli et ne l'avait pas reconnu. Son veuvage avait été de courte durée. Il s'était remarié avec Eugénie Barnetche, austère demoiselle de quarante-six ans, qui lui infligeait des cours de piano et l'avait inscrit contre son gré au Conservatoire national où il s'était attardé jusqu'à trente ans. Sa haine de la musique « traditionnelle » était née auprès de cette belle-mère ou « fausse-mère », autoritaire et maniaque, sévère compagne de son père, qui n'avait pas le sens des affaires, s'était établi comme encadreur-papetier à l'instar de Boudin qui avait tenu à vingt ans, au Havre, face à Honfleur, une boutique d'encadreur-libraire dont la vitrine s'ornait des croûtes, laissées en dépôt par des peintres du dimanche, des barbouilleurs à la petite semaine et artistes de passage.

— Boudin, je n'ai jamais pu l'encadrer ! avait lancé Alfred, croyant regagner les faveurs de son fils par ce mot qui ne l'avait pas fait rire.

En débarquant dans la capitale, Satie avait conscience de passer dans un autre monde, un univers différent qu'il fallait accepter, en y participant à sa façon, en gardant ses distances. Il avait appris très vite que le temps à venir comptait plus que le présent et avait aussitôt décidé de mener sa vie comme il l'entendait, sans suivre ni subir la chronologie à laquelle nul n'échappe. Ou alors, il la vivrait à sa guise, en désordre, à l'envers ou dans n'importe quel sens, en ne gardant que les instants de son choix, sans oublier les événements du passé et les enseignements douloureux, si précieux qu'il fallait en tirer.

— Qu'est-ce que le temps ?
— Une invention de l'esprit.

Dès 1884, à dix-huit ans, il avait choisi d'ôter l'accent de son prénom et de remplacer le « c », qui le terminait, par un « k » final comme dans Kafka, kiosque ou klaxon (mot d'origine anglo-saxonne). En s'appelant Erik Satie, il s'appropriait son prénom et devenait un autre puisque le nom que l'on porte indique au monde qui on est. Satie, sûr de son talent, de son caractère et de son originalité, se disait qu'il était un « k » à part. Un « k » de figure, un « k » de conscience, un « k » d'espèce et, avant tout, un « k » de force majeure. Il y croyait de tout son être. Et, à la fin de sa vie, alors que ses forces le quittaient, mais qu'il ne perdait rien de son humour, secoué de quintes de toux qui esquintaient son thorax et lacéraient ses poumons, il affirmait en se tenant les côtes qu'il était devenu un « k » échéant.

En attendant de devenir celui qu'il voulait, il gagnait péniblement sa vie à Montmartre où il faisait la tournée des cafés, tripots et cabarets, s'astreignait à des besognes d'arrangement ou corvées d'accompagnement. Les temps étaient durs. Il filait la comète, mangeait du bout des dents, rageait en silence et s'ennuyait à périr. Tout ce qu'il entreprenait ratait et il lavait à tour de bras ses mouchoirs. « Vive le linge sale ! À bas la propreté ! », écrivait-il à Conrad, son frère bien-aimé qu'il appelait « mon vieux Conrad » ou « mon bon vieux Conrad », son seul ami, son benjamin, né le 21 octobre 1869, sous le signe du Scorpion.

Ingénieur chimiste, coauteur d'un ouvrage sur la science des parfums, insociable, engagé à gauche, ayant lui aussi un sens aigu de la dérision, et en commun plusieurs traits de caractère avec son aîné qu'il aidait moralement et financièrement, Conrad qu'on appelait en famille « Pouillot » (petit oiseau) ou Tiby, n'échappait pas aux sautes d'humeur d'Erik. Leur relation s'égrenait de houleuses séparations, suivies de réconciliations chaleureuses comme si de rien n'était. Plus sage et réfléchi, Conrad était le fidèle confident et correspondant d'Erik, qu'il était seul, parmi ses rares familiers, à nommer par son prénom. Il n'y avait que lui qui le comprenait vraiment. Ils dînaient ensemble les dimanches, lors de leur arrivée conjointe à Paris. II prenait garde à bien prononcer le « k » qui ponctuait son prénom et il l'encourageait dans sa vocation de compositeur et de musicien.

*

Personne n'aimait mieux la musique que Satie. L'Art ne s'apprend pas. Il n'y avait pas meilleure façon de vivre sa vie. Il réfutait l'emphase et le sentimentalisme. La musique de Beethoven, sourd comme un pot, le plus célèbre compositeur d'Europe, à cause de la *Symphonie n°5*, avec le fameux pom-pom-pom, ou de Wagner, au bonnet de travers et aux accents tonitruants, d'où jaillissaient la foudre et les éclairs, l'indisposait physiquement. La musique telle qu'il la concevait s'opposait à cette conception académique, officielle, sans fantaisie ni liberté. D'où cet aveu d'une absolue sincérité : « Tout le monde vous dira que je ne suis pas un musicien. C'est juste. »

Satie avait le sens des chiffres et des mathématiques. Les nombres, qui comptent tant dans la musique, étaient une façon de comprendre la vie et ils avaient beaucoup d'influence d'un point de vue artistique. En raisonnant, il réalisait qu'il avait perdu sa mère à l'âge de six ans et sa grand-mère à douze ans. Le chiffre 3 jouait un rôle vital dans son existence. Les pièces qu'il créait se déclinaient souvent par 3, chiffre de la perfection autant que le 7. C'était le nombre de la rupture et de la réconciliation. En lui, les opposés se mêlaient, le vrai et le beau s'alliaient, le statisme et le mouvement se mariaient, le silence et le son s'accordaient, les notes et les mots s'harmonisaient. Les désaccords qu'il avait avec son époque ou les vieux compositeurs rejaillissaient dans les accords de sa musique. Ainsi en était-il des *Gymnopédies* qu'il avait composées à vingt-deux ans et, sitôt qu'il en avait trouvé le titre, il s'était déclaré « gymnopédiste ».

— Que faites-vous dans la vie ?
— Je suis « gymnopédiste ».
— Quel beau métier !

S'il avait composé des orthopédies, nul doute qu'il se serait déclaré « orthopédiste ». Satie jouait avec les sonorités. C'était une musique en attente, quasi hiératique, qui se distinguait par des notes distinctes et indiscernables, étales, obtenues par des touches à peine effleurées. Satie ne concluait pas. Ce qu'il visait, c'était l'immobilité de la forme, l'apesanteur soutenue par un rythme si lent qu'il semblait à l'arrêt. Dépouillée à l'extrême, sans bouffissures ni effets de manche, cette musique blanche et diaphane paraissait en suspension. Au rythme indolent de la mélodie, tamisée de silences, sans lourdeur, toute pesanteur étant bannie, la durée des périodes était ramenée au minimum. À la fois joyeuse et stimulante, elle mettait en paix avec soi-même et apaisait les tourments de l'âme ou de l'esprit. Déclinée, modulée à l'envi, scandée de variations, d'accords inédits, de reprises qui n'étaient pas des redites, d'intervalles donnant la sensation d'une création interrompue autant qu'ininterrompue, happée dans les rets d'un élan tournant, clos sur lui-même, un remous immobile, qui maintenait l'équilibre instable, prompt à retomber.

Satie défiait la pesanteur et soutenait des variations internes qui s'écoulaient sur un rythme immuable du début à la fin par un dépôt d'annotations subtiles posées sur la partition. « Merci pour le coup de main. » « Le son s'éteint peu à peu » (comme le lait qui bout sur le feu). « Ne jouez pas trop vite. » Ou, plus évidemment sensibles. « Lent et douloureux », « Lent et grave », « Lent et triste ». La lenteur était le maître mot de ces joyaux voués à l'écoute du silence qui resplendissait dans ce bijou d'écriture où l'émotion, qui n'était pas absente, se tenait à distance. Satie privilégiait le temps par rapport au mouvement. La simplicité en apparence linéaire avalisait la monotonie entêtante du rythme.

À la suite des *Trois Gymnopédies*, il avait composé entre juillet 1889 et janvier 1897 les *Six Gnossiennes* pour piano solo, en plusieurs parties, à la fois ultrasensibles et rhétoriques, où alternaient la tristesse et la joie. Il s'agissait, déclinée en 3 temps, déjà d'une œuvre de maturité, abstraite et cérébrale, complètement émotive, conçue et pensée dans la plus radicale solitude qui n'était pas une condition que la société lui imposait, et qu'il acceptait de bon cœur, mais un choix résolu de créateur qui donnait TOUT à son art, et pour qui le génie ne s'exprimait à plein que dans une complète liberté, l'inventivité la plus résolument moderne.

Quel vertige!

Toujours moins de notes, le rythme ralentissait, le temps s'écoulait, la vie se déroulait (sans lui), la mélodie semblait statique, l'œuvre était sans âge... l'instant, un éclat d'éternité. Selon son habitude, Satie assortissait sa création d'indications prétendument « insolites ». « Du bout de la pensée », « Reculez en vous-même » et, très éclairant, « Ouvrez la tête ». S'il supprimait le chiffre de mesure, les barres de division des portées, il veillait à préserver la vivacité sautillante, la force entraînante et la gaieté que semblait contredire l'indolence du tempo, rythmé par des accords brisés et d'abrupts rebonds. La simplicité engendrait la beauté. Sa musique était concise, limpide et nette. Satie n'écrivait aucune note qui ne soit indispensable. Il récusait la sécheresse, la vitesse ou la froideur, favorisait l'émotion, la profondeur et la lenteur. Satie composait la musique du silence, la musique sortait du silence et retournait dans le silence. Satie habitait la musique, la solitude, l'écriture et le silence.

Et, sur la lancée du chiffre 3, il avait achevé en septembre 1903 les *Trois morceaux en forme de poire* pour piano à quatre mains, et 7 mouvements, 7 morceaux ou 7 parties, au choix. Il avait trente-sept ans. C'était aussi l'année de la mort d'Alfred, son père, la veille de Noël. Satie n'avait pas écrit *Trois morceaux en forme de pomme* comme les pommes de Cézanne, plus longtemps montrables que les autres fruits, ou celles qui donnent le cidre en Normandie. Pas de quartier. Il avait bel et bien dit poire.

Satie était un homme au visage en forme de poire. Dès que possible, il se fendait la poire. Et comme le succès ne venait pas aussi vite qu'il le désirait, il laissait mûrir la poire. Satie ne s'expliquait pas sur ses titres, aussi surprenants qu'inattendus. C'était un précurseur en tout. Il cherchait sans cesse à se renouveler. Ce titre appétissant était destiné à rester inexplicable. D'une durée d'une vingtaine de minutes, cette composition donnait l'impression de tourner continuellement sur elle-même comme un carrousel ou une toupie qui avait l'aspect d'une poire, et girait sans fin sur son axe à une vitesse si accélérée qu'elle en prenait la forme. Dans cette sorte de pyrotechnie musicale, inouïe pour ceux, nombreux, qui n'y entendaient rien, s'avérait la structure mathématique de ses compositions, d'une trompeuse simplicité, parlantes à l'oreille de chacun et à une seule personne à la fois. Dissonante sans être discordante, chaque note était essentielle, décisive, méthodiquement esseulée, et substantielle à la suivante. L'auditeur découvrait la continuité à mesure qu'elle s'installait. Les *Trois morceaux en forme de poire* étaient son portrait. C'était son histoire, le nom que la vie lui donnait. Et Satie, rétif aux critiques comme aux éloges, la qualifierait plus tard de « vieille musique », qui plus est « emmerdante ».

CHAPITRE 3

En porte-à-faux par rapport à la vie et aux autres, Satie, solitaire et incompris, privé de tout, vivait à plusieurs époques successives et parfois simultanées. Hier, aujourd'hui et demain étaient un seul et même moment. Le regard pétillant, les yeux ronds derrière ses binocles, adoptant le front plissé de l'homme pressé ou le pas précipité d'un voyageur en partance, sans bagages ni destinée, Satie se trémoussait dans les variations incessantes du temps. Prenant de l'âge ou rajeunissant, il s'échappait constamment, mais demeurait lui-même. Qui donc était-il ? Quel était le *vrai* Satie ? Sans cesse sur le qui-vive, il se déplaçait avec une célérité telle qu'on avait du mal à le suivre.

En 1887, il s'installait dans une chambre au rez-de-chaussée, 50 rue Condorcet, et il donnait sans conviction des cours de piano comme sa sœur Olga, dont il était sans nouvelles, et son père Alfred, qui n'avait aucun sens musical, pour arrondir ses fins de mois. Cette activité peu rentable était sa seule source de revenus. Il ne donnait pas de cours chez lui mais chez ses élèves. Ses tarifs étaient modiques, plus avantageux pour ses apprentis que pour lui. Il y veillait, ne voulant abuser de personne. Mais à la première contrariété, il refermait le couvercle, se levait, quittait son siège, puis la place, et on ne le revoyait jamais.

Ombrageux, très susceptible, sans que l'on en sache la raison, Satie se fâchait presque avec tout le monde. Hypersensible, ne se pliant pas aux règles et aux usages de mise en société, il adoptait, par principe, une attitude qui le mettait d'office à l'écart. Tout le blessait, la moindre réaction qui ne s'inscrivait pas dans sa logique singulière l'atteignait, le bouleversait ou le choquait. Satie ne tolérait pas l'ombre d'un compromis ni d'une compromission. Il était aussi exigeant pour sa musique qu'il l'était à l'égard du monde, et il en payait le prix (fort). Il était sans disciple, mais très discipliné. Il n'avait pas une haute idée de lui-même et ne composait selon lui que de « rudes saloperies ». Le voilà propre ! Il tirait le diable par la queue. Ses conditions de vie étaient déplorables et il avait une profonde aversion pour la moindre atteinte à sa sphère privée. Satie menait une existence si solitaire qu'il s'était adressé à lui-même, dans une enveloppe dûment affranchie, une lettre prenant de ses nouvelles, en 1896.

L'avait-il ouverte ?
L'avait-il lue ?

Seul avec ses pensées obsédantes et ses désaccords définitifs, il se savait unique. Son intelligence était au-dessus de tout. Sa sensibilité était sans partage. Elle résidait dans son art dont il parlait peu. Il était très secret, d'une tristesse souriante, d'une rieuse mélancolie. Lui-même le disait avec une désarmante sincérité : « ... Les critiques me présentent comme étant drôle... ce n'est pas vrai... je ne suis pas drôle... ni ne désire l'être... je suis un triste... un mélancolique. » Qui le croirait ? De la couleur, il n'y en avait pas dans sa vie. Tout était morne, gris, semblable chaque jour. Il ne pensait pas la musique en termes de couleurs. Pourquoi « pourpre » ou « bleu ciel » ? Satie habitait en lui. Son logis était un cagibi, un obscur réduit, sans air et sans charme. Sans lavabo et sans piano. La musique se faisait dans sa tête. « C'est le secret de mon art », assurait-il.

En 1890, il avait emménagé dans un deuxième étage, au n°6 de la rue Cortot, ruelle étroite, pentue et pavée, au faîte de la butte Montmartre, « au-dessus de ses créanciers », d'où il avait une vue « jusqu'à la frontière belge ». Pourquoi voir plus loin ? C'était une pièce hermétique, de trois mètres sur trois, pas plus grande qu'une boîte à chaussures. Il ne se mouchait pas du pied, ne fréquentait pas le « grand monde» où l'on traite les artistes comme des fournisseurs, et se souvenait du camouflet d'une princesse alors qu'il apportait une flûte de champagne à une dame assoiffée : « Monsieur Satie, le buffet des musiciens est dans l'autre salon ! » Il ne l'avait pas oublié et frayait avec le milieu bohème dans lequel il se sentait à l'aise en compagnie d'esthètes écervelés, d'aspirants littérateurs, d'écrivailleurs tourmentés, de poètes ratés, de peinturants gribouilleurs et de chanteurs enroués, tous aussi désargentés que lui, qui traînaient dans les cafés, caboulots et cabarets, havres de paix ou asiles des soûlauds et buveurs d'absinthe, dite « le perroquet » ou « la fée verte » à cause de sa couleur, que Courbet, qui avait toujours abusé de l'alcool, coupait de vin blanc. Cela lui plaisait. C'était la mode des chansonniers et hurluberlus de tous poils. Il respirait le même air qu'eux. Sa présence ne détonnait pas, il n'aspirait qu'à disparaître, à se fondre dans l'invisible. Puis il rentrait chez lui, fermait la porte et soupirait : « C'est calme. Je suis bien ici. Il n'y a pas de place pour deux. »

*

En 1896, ses revenus s'amenuisant, il avait proposé à son propriétaire de lui louer à la place du galetas du deuxième étage, un débarras de piètre dimension, sorte de clapier ou de cloître exigu, situé au rez-de-chaussée, où il ne se tenait que couché, qu'il appelait « le Placard ». Satie aspirait lui aussi à un logis décent comme tout le monde, on respire mal dans un placard. Ce sinistre « cabigit », ou « cabagit » comme on disait alors, c'était son impasse, son trou de souris, il s'y terrait comme un escargot dans sa coquille, le soleil n'y entrait pas. Cela ne le dérangeait pas. Il se demandait : la lumière est-elle moins pesante que l'ombre ?

Où avait-il mis les pieds ?

Il ne savait plus qui il était. L'orthographe de son nom évoluait selon les époques et les gens qu'il rencontrait. Proust, qui en avait entendu parler en mai 1894, l'appelait Eric Sati dans un pastiche de Flaubert, normand comme lui. Picasso, qu'il rencontrerait plus tard pour la création de *Parade*, le surnommait Erick Satie. Et lui-même se demandait pourquoi il n'écrirait pas son nom Erik-Erik-Satie-Satie et, en insérant le prénom de son père, Erick Alfred Satie. Se faire un nom dans la musique n'était point chose aisée. Pas plus que dans la peinture ou la littérature. Et puisque personne, hormis Conrad, ne l'appelait par son prénom et qu'il usait du sigle « E.S. » dans sa correspondance, il avait tranché la question et déclaré sans ambages : « Je m'appelle Erik Satie comme tout le monde. »

La question du patronyme le divertissait. Satie aimait les jeux de mots, le double jeu, et plus encore les jeux de noms. Comment s'en faire un ? Celui que l'on porte est-il le sien ? Pourquoi ne pas s'en inventer un ? Maintenant qu'il savait comment il s'appelait, pris à son propre jeu, il avait décidé de s'habiller comme tout le monde, n'importe qui ou personne, bref, en homme de son temps.

Dans les beaux quartiers, près de la Madeleine, il avait avisé un marchand de vêtements qui lui tapait dans l'œil. Il était entré, le commerçant qui avait des cheveux plaqués sur le crâne, et au milieu une raie comme celles qui avaient boulotté sa grand-mère, était venu à sa rencontre. Sans lui laisser le temps de formuler ce qu'il désirait, Satie avait demandé s'il vendait des complets noirs. Il ne voulait pas qu'on le reconnaisse. Le costume est une extension du corps et des idées. Dans cette tenue hors mode, hors d'âge et hors saison, il était assuré d'être soi en se vêtant comme n'importe qui, et avait tenu à préciser par jeu qu'il ne voulait ressembler à personne, mais bien à « Monsieur tout-le-monde », en personne.

Satie devançait ainsi la pensée de Picabia qu'il connaîtrait plus tard : « Moi, je me déguise en homme pour n'être rien. » Et il avait commandé d'un coup une douzaine de complets, de même coupe et même teinte foncée, mais chacun d'une taille différente. Il ne les avait pas essayés l'un après l'autre, mais l'un sur l'autre pour être sûr qu'ils étaient taillés dans la même matière, de même manière et coupés tous pareils. Ainsi couvert comme un oignon, revêtu des douze complets amoncelés l'un sur l'autre, il avait regagné son « Placard » en tanguant sous le monticule pesant sur son dos.

CHAPITRE 4

Rentré chez lui avec ses douze costumes empilés, Satie les avait retirés un à un, avec précaution, avant de les entasser sur le toit de son armoire qui était complètement vide et devait le rester. Quand il le fallait, il s'emparait d'un complet qu'il endossait et glissait sous les autres à son retour ; la fois suivante, il prenait celui du dessus, propre comme un sou neuf, sûr qu'aucun d'eux n'avait été mis avant qu'il ne sorte. Son déguisement le protégeait, il le rendait invisible ou invincible. On avait le choix.

Trois jours plus tard, passant devant la même vitrine, avec la sensation qu'il revenait sur ses pas, il était entré comme s'il n'était jamais sorti, et avait commandé autant de couvre-chefs noirs, tous semblables, ayant une demi-pointure d'écart, de sorte qu'ils tenaient l'un sur l'autre comme ceux des équilibristes dans un cirque, qui exécutent leur tour en grimpant sur les épaules les uns des autres pour bâtir une pyramide humaine qui s'effondre d'un coup, comme un jeu de cartes, à la fin du numéro.

Badaboum!

D'autres fois, il les amassait les uns sur les autres et, pour se divertir en marchant, s'amusait à alterner leur position comme un magicien qui jongle avec des chapeaux sur une scène de music-hall, celui d'en haut servant le premier, l'avant-dernier prenant la place du dernier, le précédent celle de l'antépénultième, le huitième cédant sa place au septième, et le sixième occupant la place du haut qui reculait d'un cran, le cinquième devenant le quatrième et celui-ci prenant le dessus, le troisième étant avant l'avant-dernier, l'avant-dernier trônant le premier sur sa tête, puis se retrouvant le dernier, tout en haut de la pile quand tous avaient, chacun à leur tour, eu l'occasion de dominer l'amoncellement des couvre-chefs, et ainsi de suite, jusqu'à ce qu'il arrive chez lui, et les classe dans l'ordre d'arrivée sur la cime de l'armoire, et qu'ils ne servent plus jusqu'à la prochaine fois, et qu'il les pose à nouveau sur sa tête quand il sortait, sans besoin de choisir puisqu'il les avait tous coiffés au moins une fois, chacun d'eux ne servant pas plus d'une fois car on ne salue qu'une personne à la fois.

Chapeau!

Satie ne cherchait pas à se distinguer. L'aspect banal de son allure conforme de bourgeois garantissait l'originalité de son génie. Il avait renoncé de bon gré au clap, clap, clap des bravos, à la reconnaissance et au succès. Satie était d'avant-garde, résolument d'avant-garde, à la pointe de la musique de son temps. Il n'était pas compassé comme Debussy, à qui la belle-mère de Verlaine avait donné ses premières leçons de piano et que l'on raillait en l'appelant « Dieubussy » parce qu'il s'accordait trop d'importance. Ou Maurice Ravel, que l'on taxait d'être incapable de susciter la moindre émotion. Il méprisait la tradition, ne croyait qu'à la modernité. Satie était exprès inapparent. Son costume le rendait indistinct. S'habillant, il s'éclipsait. Son ombre le précédait dans la rue, il se retournait : rien, personne. Certains jours, il disparaissait à sa vue, et d'autres, il ne se voyait pas. Une fois, dans une venelle pavée de Montmartre, il était tombé par hasard sur son reflet. Le face-à-face lui étant insupportable, il avait maugréé dans sa barbiche taillée en pointe tel un crayon :

« Je ne veux plus te voir ! »

Une autre fois, toujours dans les beaux quartiers, passant du côté de l'Opéra, il avait avisé, à l'angle du boulevard des Capucines, une boutique de lingerie et avait acheté, sans les choisir, une dizaine de mouchoirs (un seul suffit pour se moucher), et neuf autres encore, aussi vastes que son « Placard » de la rue Cortot, grand comme un mouchoir de poche, et un de plus pour se moucher du coude, et, sur sa lancée, comme le printemps s'annonçait, ayant aperçu un magasin pour hommes à l'enseigne *Cent Mille Chemises*, et sans que l'on mesure son tour de cou, il avait acquis le stock des faux cols restants, arguant qu'on ne les trouvait plus sur le marché, et autant de chemises qu'il avait soigneusement rangées dans sa misérable remise, mais qu'il n'avait jamais mises.

Ainsi coiffé et costumé, Satie, sûr de passer inaperçu, accomplissait sa promenade habituelle à Montmartre où les excentricités passagères n'étonnaient plus personne. Quand il croisait quelqu'un de sa connaissance, il étendait le bras au-dessus de sa tête, aussi haut que possible, soulevait le chapeau du dessus, puis le reposait sur la pile. Parfois aussi, il happait le melon du dessous, risquant de faire s'effondrer l'échafaudage à l'équilibre instable, le soulevait délicatement, hissant la pyramide des onze couvre-chefs en même temps, le posait derechef sur son crâne et poursuivait sa route comme si de rien n'était, surpris que les passants ébahis par cet extravagant édifice ne lui retournent pas son salut. Peut-être ne l'avaient-ils pas remarqué ?

Seul l'avait reconnu Alphonse Allais, qui passait là par hasard. Tous deux avaient beaucoup changé.

Ils ne s'étaient pas vus depuis des années, alors qu'ils étaient nés et avaient grandi chacun rue Haute, à Honfleur, Satie au numéro 90, et quand ils se croisaient, ils en plaisantaient :

— Comment vas-tu ?
— Au plus bas.

Allais, que l'on appelait « Alph » dans son enfance, était de douze ans plus âgé que Satie qu'il appelait « Esoterik Satie », à cause de son attirance pour l'ésotérisme, l'hermétisme, le spiritisme, le spiritualisme et l'occultisme, dont on parle peu ici, et il n'avait pas prononcé un mot jusqu'à trois ans.

— Pourquoi ?
— Je n'avais rien à dire.

En le croyant muet, on lui fichait la paix. Il ne voulait pas devenir pharmacien comme son père, mais il avait été apprenti jusqu'à dix-huit ans dans l'officine parentale, au cœur d'Honfleur. L'acide calorique et le bicarbonate de soude ne l'attiraient pas. La vie était trop grave pour qu'on la prenne au sérieux. Adepte de l'autodérision, des paradoxes et des traits d'esprit les plus réjouissants, il était devenu l'un des plus brillants humoristes de son temps et avait quitté sans regrets, depuis belle lurette, pour voler de ses propres ailes, sa cité natale qu'il ramenait à sa juste proportion : « Autant d'eau pour une ville si petite. »

De Satie, on disait qu'il était « l'Alphonse Allais de la musique ». Cela le flattait presque autant qu'il se payait sa tête. C'était la moindre des politesses. Il savait qu'un jour viendraient la reconnaissance, la réussite et le succès. Satie prenait cela de haut. Il se connaissait si bien qu'avant d'aller se promener, il énumérait ainsi la fiche signalétique de ses particularités physiques.

Cheveux et sourcils châtain foncé car il faut saisir la chance par les cheveux.

Yeux gris : pommelés, vifs et malicieux.

Front couvert : comme le ciel de Normandie.

Nez long : pas plus que de raison.

Bouche moyenne : comme la bourgeoisie à laquelle, par sa mise, il faisait mine d'appartenir.

Menton large : comme le large qu'on prend en quittant la rade d'Honfleur.

Visage ovale : comme le corps d'une poire.

Taille : 1 mètre 67 centimètres.

Barbiche : très soignée, bien taillée malgré l'absence de miroir et de cabinet de toilette.

Rien à ajouter,
rien à retrancher.

Si, une chose !

Quoi ?

Satie était impersonnel par excès de personnalité. Il n'en faisait qu'à sa tête. Qui n'en a pas doit avoir des jambes. Avant de sortir du « Placard », il vérifiait que tout était bien en place, et conforme à l'apparence du personnage qu'il voulait avoir l'air d'être.

les lorgnons dont il perdait l'étui.

la barbiche taillée aux petits oignons.

le sourire en coin qui ne le quittait point (rira bien ou pas du tout qui rira le dernier).

le chapeau melon comme en porte un croque-mort, un quidam en tenue du dimanche.

la veste aussi étriquée qu'étaient larges ses idées, vastes et parcimonieuses ses émotions, distillées comme des gouttes de pluie, en été.

le pantalon trop court (il ne mettait pas de bretelles ni de ceinture à sa musique ; elle tenait droite toute seule, et ne frottait pas par terre).

le paletot noir élimé, endossé par-dessus, c'était une autre paire de manches.

les guêtres poussiéreuses à force de traîner la patte lorsqu'il quittait la capitale, le soir, à la tombée de la nuit, et entamait la longue marche solitaire qui le ramenait à son « Placard ».

le parapluie qui complétait sa silhouette et qui était toujours accroché à son bras.

Un jour, alors qu'il ne pleuvait pas, passant devant un marchand de parapluies qui l'attirait par la diversité des modèles exposés en vitrine, il en avait acheté quatorze, tous identiques (un seul suffit à protéger celui qui le porte), et les avait ramenés chez lui, en veillant à n'en perdre aucun, et les avait rangés les uns à côté des autres, encore enveloppés dans le papier d'emballage, parce qu'il ne fallait pas qu'ils s'abîment et qu'il n'avait aucune intention de s'en servir. Rien de plus utile qu'un parapluie. Satie n'en jouait pas ni ne l'avalait, et il ne l'ouvrait pas non plus. Georges Auric l'avait un jour crevé par inadvertance et ils ne s'étaient plus revus ensuite. Son parapluie le protégeait des affronts, des injures et des offenses, autant que de l'indifférence. Un parapluie en os, en verre, en ivoire ou en pierre ponce était beau, mais inutile. On n'en usait pas. Un parapluie aux baleines tordues ou tortillées n'était bon à rien. On s'en séparait sans un regard ni besoin de le réparer.

Bon débarras !

Satie était un grand amateur de pluie comme tous les Honfleurais, pas une petite ondée de rien du tout, qui mouillait à peine, du pipi de chat, mais une vraie averse, une forte pluie, un déluge, une pluie diluvienne. En bon Normand, il la préférait au soleil. « Pluie du matin n'arrête pas le pèlerin. » Il aimait le mauvais temps, et faisait corps avec son parapluie, compagnon d'infortune et valeureux protecteur, soutien fidèle des bons et mauvais jours. Il y tenait tant lorsqu'il pleuvait à torrents qu'il le protégeait sous son veston pour ne pas le mouiller.

Son parapluie était PLUS qu'un parapluie. C'était celui de *Rue de Paris, temps de pluie* de Gustave Caillebotte, du *Parapluie de l'escouade* d'Allais, mais aussi de Lautréamont qui avait décrété « beau comme la rencontre fortuite sur une table de dissection d'une machine à coudre et d'un parapluie », d'Anton Tchekhov qui notait dans ses carnets : « Il n'avait été heureux qu'une fois : sous un parapluie », de James Joyce qui comparait Stanislaus, son frère aimé, comme l'était Conrad, à un parapluie qu'il oubliait quand il allait au théâtre ou dans un restaurant, des tableaux de René Magritte et de Francis Bacon comme celui où un type en imperméable, assis sous un parapluie, était entouré de carcasses de viande.

*

Satie ne mangeait pas de viande rouge (bœuf, mouton, cheval), rien que de la viande blanche (veau, lapin, volaille). Il déjeunait une fois par semaine chez Achille-Claude Debussy dont la mère était cuisinière, un cordon-bleu. « Je me tiens mieux à table qu'à cheval. » Son épouse, Emma, lui faisait la cuisine (poulet, côtelettes), arrosée d'un délicieux vin blanc, dont il se léchait les babines à l'avance et les doigts pendant huit jours. Anticonformiste et avant-gardiste accompli, Debussy avait d'abord été wagnérien et ils s'étaient liés d'amitié en 1891, au *Chat noir*, cabaret satirique, fréquenté par Allais, Degas et consorts, puis à l'*Auberge du clou*, où Satie était « tapeur à gages », autrement dit pianiste.

— Pourquoi là ?
— Parce que ça ne valait pas un clou.

Debussy était au faîte de sa notoriété. Il était loin, le temps où on lui reprochait d'être trop tourmenté, de faire « du bizarre, de l'hermétique, de l'incompréhensible, de l'insupportable, de l'inexécutable ». Debussy était un « nanti », Satie était un « anti », un inconnu, un raté raillé par tout le monde. Les querelles entre créateurs n'ont rien à voir avec l'amitié. Debussy était une des rares personnes avec qui il parlait musique, mais ils n'en avaient pas la même conception. Loin s'en faut. Les temps chez Satie étaient *successifs* et non *progressifs*. Il y veillait jalousement, indiquait avec précision l'alternance des cadences, les temps de silence : « attendez, arrêt, tempo court, une pause s.v.p. » C'était fort différent des prescriptions de Debussy pour *Des pas sur la neige* : « Ce rythme doit avoir la valeur sonore d'un fond de paysage triste et glacé. » À l'antipode de ce conseil éthéré, Satie s'adressait de première main à son interprète, lui soufflait ses indications dans l'oreille. Il se tenait à ses côtés, derrière son épaule, dans sa tête, au bout de ses doigts, à la pointe des ongles. On ne joue bien que ce qu'on aime. Admirer, écouter, entendre ne suffit pas.

Emmaillée de chamailleries, de brouilles et de malentendus, leur relation était faite de hauts et de bas, de longues périodes sans échanges et sans se voir. Ils discutaient sur des pointes d'épingles. Satie avait été le témoin du premier mariage de Debussy, qui avait divorcé en 1905 de Marie-Rosalie, dite Lily Texier, mannequin de haute couture, certes ravissante, mais peu cultivée, et s'était remarié, le 20 janvier 1908, avec Emma Bardac, musicienne raffinée, dont il avait une fille, « Chouchou ».

Debussy avait une vie sentimentale tumultueuse à l'inverse de la sienne, aussi plate qu'une limande. Satie lui reprochait d'être ballonné d'orgueil, bouffi par la réussite, et de l'éclipser. Il l'accusait aussi d'être arriviste et carriériste. Debussy brillait au zénith de la notoriété. Satie ne cherchait pas la lumière et fuyait la clarté. Son génie restait caché et il se demandait : « Pourquoi ne veut-il pas me laisser une toute petite place dans son ombre ? Je n'ai que faire du soleil. » Leur rivalité sans cesse croissait. Debussy s'irritait de l'engouement suscité par les *Gymnopédies* dont il avait orchestré et dirigé la première et la troisième qu'il avait jouées sur son piano Blüthner. Malgré cela, ils continuaient à se voir et avaient de fructueux échanges, cerveau contre cerveau. Mais Debussy, malade, peinait à trouver l'inspiration, sombrait dans la dépression et luttait contre le mal qui le minait et s'aggravait, malgré deux pénibles opérations. Vers 1910, le diagnostic était tombé. En sortant de table, il l'avait annoncé sans façon :

— J'ai un cancer du rectum.

— Comme Artaud, avait lâché Satie.

— Artaud avait un cancer du rectum ? s'était étonné Debussy, dépité. Vous êtes sûr ?

— Puisque je vous le dis.

CHAPITRE 5

Le 16 juin 1911, Debussy avait organisé le contact avec Igor Stravinsky, rencontré un an plus tôt. Stravinsky avait vingt-huit ans, Debussy vingt de plus et Satie était moins âgé de quatre ans que Debussy. Il n'y a pas d'âge en art, seul compte le talent. Chacun sa nature, son monde, son nom. Celui de Satie était plus simple que celui de Strawinsky qui l'écrivait avec un « w », se faisait appeler Stravinsky avec un « v » ou Stravensky avec « e », mais l'on prononçait aussi *Stravouinsky*, *Strawinsky* ou *Strawensky*, voire *Stravinsk* sans le « y » final, égal au « k » du prénom de Satie. Ses intimes disaient « Stra Stra ». En se présentant, il accentuait le « in » et éludait le « sky ». Et comme il en était grand amateur, il se dénommait en plaisantant *Strawhisky* ou *Whisky-Korsakov* !

« Stravinsky est un magnifique oiseau, mais je suis un poisson », ironisait Satie qui savait tout des circonstances agitées de la création du *Sacre du printemps* dont la première – ô combien tumultueuse ! – avait eu lieu le 29 mai 1913, au Théâtre des Champs-Élysées, flambant neuf. La salle était comble. Il avait fallu 120 répétitions, au piano, puis à l'orchestre, pour qu'aboutisse cette création de 32 minutes à laquelle le public avait réagi vivement dès les premières mesures. À la claque montée par Diaghilev, sommée d'applaudir à tout rompre, répondait le tumulte des huées et des risées. Les baignoires débordaient des *lazzis* qui attisaient l'ire des claqueurs et de soiristes, parqués au promenoir, ulcérés de la tournure prise par l'événement. Les accords acérés et discordants froissaient les tympans délicats des mélomanes logés au parterre qu'excédaient les convulsions et soubresauts saccadés de la chorégraphie de Nijinski, « l'homme aux yeux d'huître », disait Cocteau, le magicien. On huait, hurlait, hôlait, turbulait, ululait, hululichait. Les gifles et les horions se mêlaient aux houhouloulements et aux hipipourassements. N'y tenant plus, Stravinsky, assis au septième rang, dans le deuxième fauteuil à partir de la travée latérale, avait quitté subitement son siège et gagné d'un bond les coulisses où Nijinski, trépignant et vociférant sur une chaise, comptait tout haut pour guider *a tempo* les danseurs qui n'entendaient plus l'orchestre, que dirigeait le chef « blindé comme un crocodile », et l'empêchait de sauter sur la scène tandis que Diaghilev, écumant comme un verrat, sommait les électriciens d'allumer et d'éteindre la salle pour que cessent le tapage et le pugilat général. Qu'importe !

Du jour au lendemain, Stravinsky était devenu célèbre pour cette composition ébauchée dans sa maison de campagne à Oustioug, en Russie. Il avait achevé la partition dans un cahier à fleurs, acheté en Suisse chez un papetier comme Boudin, avec une rage de dents si terrible qu'elle s'était transmise dans le final où un danseur tremblait avec frénésie de la tête aux pieds, des mesures durant, en se tenant la joue de sorte qu'on hurlait au poulailler : « Non. Plutôt un dentiste ! » Bien qu'aucun chahut ne persistât par la suite, *Le Sacre*, baptisé *Le Massacre du printemps*, fut retiré de l'affiche. On le présentait désormais comme un événement mémorable, un présage des catastrophes à venir, un jalon de la modernité du XXe siècle sur lequel se levait enfin le rideau. Mais il restait un souvenir traumatisant pour Stravinsky, qui admettait, du bout des lèvres, que son œuvre n'était pas conçue « pour plaire ». Au dîner qui suivit chez Larue, malade comme un chien, à l'instar de Debussy qui souffrait le martyre, il fut terrassé par une fièvre typhoïde en avalant trop d'huîtres. Satie n'en dégustait pas. « J'aime la salade, le caca & le poisson », assurait-il, sans rire. L'histoire de la musique passait par le scandale et si un tel esclandre était possible en 1913, il était logiquement pensable de le renouveler des années plus tard, à son profit.

*

Maurice Ravel, né le 7 mars 1875, était de treize ans plus jeune que Debussy, né le 22 août 1862. Ils se connaissaient de réputation, s'admiraient, menaient chacun leur carrière, mais gardaient symétriquement leurs distances. Leurs relations étaient assez tendues. Satie n'était pas moins grand musicien que Ravel, de constitution chétive, qui mesurait 1 mètre 54. Fils aîné d'un ingénieur, inventeur d'un moteur thermique, nommé Joseph comme celui de Satie s'appelait Jules Alfred, on le tenait après 1918 pour le plus influent compositeur français vivant, aussi connu que Debussy, son rival. Il s'en distinguait par la nouveauté de son jeu pianistique inégalé et la maîtrise exceptionnelle de ses orchestrations. Ravel était debussyste comme Debussy était ravélien, et Satie satiste. Aucun des trois n'était supérieur à l'autre. Accusé, à tort, de « debussysme », Ravel, curieux de nature, s'intéressait à la musique de Satie, qu'il connaissait depuis 1893, et jugeait les *Gymnopédies* « très en avance sur leur temps ».

Cela honorait Satie qui qualifiait les musiques de Debussy et Ravel de « périmées », ce qui les condamnait à n'être plus que des compositeurs d'avant-hier. Ravel et Satie avaient eu au début des rapports sans nuages, puis le ciel s'était assombri, le temps s'était gâté, les relations s'étaient tendues comme avec Debussy et chacun campait sur ses positions. À l'instar de Satie, Ravel vivait à l'écart du monde, entouré de chats siamois, collectionnait les jouets mécaniques et les horloges, d'où résultait peut-être le mouvement répétitif, basé sur un rythme à 3 temps du *Boléro*, son « tube » de 1928. Cette ritournelle au motif inlassablement répété avait connu un succès immédiat alors qu'elle reposait sur une partition rythmique que Ravel lui-même disait « vide de musique ».

On ragotait dans son dos qu'il avait une mécanique à la place du cœur et préférait les insectes aux femmes. Quels cancans ! Insomniaque et gros fumeur, il détestait l'autobiographie et possédait plusieurs pianos alors que Satie n'en avait aucun. Son *Boléro* durait 17 minutes, moitié moins que *Le Sacre* aux rythmes sauvages et saccadés, et Ravel avait longtemps buté sur la partition de cette « turlurette » monotone, grisante et invariable (une commande) qui reprenait un nombre défini de fois le même mouvement, constamment répété et amplifié sans répit (18 sections, 340 mesures). Ce qui agaçait Stravinsky qui raillait la méticulosité métronomique de celui qu'il traitait en privé d'« horloger suisse ».

La mécanique s'était pourtant déréglée. Le samedi 8 octobre 1932, vers une heure du matin, Ravel fut victime d'un accident alors qu'il rentrait chez lui à son hôtel, en sortant du théâtre. Le taxi dans lequel il se trouvait avait été embouti à l'arrière par un autre véhicule. Projeté contre la vitre que heurta sa tête, Ravel fut blessé au visage. Cet accident, d'apparence banale, s'avéra bientôt lourd de conséquences. Son cerveau était lésé. Il fut affecté par la suite de troubles du langage, de l'écriture et de la motricité, perdit de plus en plus la mémoire, ne put plus créer ni composer, mais son intelligence restait intacte. À cinquante-sept ans, Ravel cessa d'un coup d'exister et passa le peu de temps qui lui restait, scellé dans le silence.

Pauvre Ravel !

Le 6 avril 1922, Satie avait rencontré Béla Bartók à un déjeuner chez Francis Poulenc, auquel assistait aussi Georges Auric, sans son parapluie. Satie enviait le « k » qui ponctuait son nom, mais ils ne s'étaient pas adressé la parole et s'étaient toisés sans dire un mot comme deux oiseaux qui n'avaient pas le même chant. Les rapports entre musiciens ne sont pas toujours simples. Pierre Boulez, qui avait connu Stravinsky vieillissant et le trouvait très vigoureux pour son âge, n'appréciait pas du tout Satie. Arguant qu'à l'oreille, il souffrait d'« atrophie glandulaire », il jugeait que c'était « un talent mineur et inexistant », l'estimait « indigent techniquement » et l'associait aux minables petits inventeurs du concours Lépine. Satie s'en fichait. Le nom de Boulez était plus connu que sa musique. Le temps travaillait pour lui et il ne doutait pas de son art. Il notait dans un carnet les décennies d'avance qu'il avait sur ses contemporains. Son époque était en retard, il vivait en dehors d'elle, blotti tel un bigorneau dans son « Placard », au lit si étroit qu'il n'y entrait pas sans plier les jambes jusqu'au menton. Tremblant de froid sous sa couverture délavée, il écoutait sans réagir les méchancetés que l'on déversait sur son compte, et concluait avec un sourire enjoué : « Je préfère la musique que j'aime à celle que je n'aime pas. »

À qui appartenait l'avenir ? D'où venait la musique ? Que pensait-elle ? Où allait-elle ? Il ne fallait pas percer son mystère. Que devenaient les notes une fois jouées ? Son principe était simple : « Toujours plus de moins. » Pas de scories. La musique était mathématique. Ce qui comptait, c'étaient les notes qu'on n'entendait pas. Il fallait enlever, supprimer, retirer au lieu d'ajouter. Satie composait en apesanteur. Une note sur deux suffisait. Des gouttes de pluie comme celles dont Pollock aspergeait la toile, tendue à ses pieds, autour de laquelle il dansait, le pot de peinture dans une main, dans l'autre le pinceau qu'il trempait, retirait et secouait en vitesse, courbé en deux, traînant ses godillots maculés, mal noués, au risque de s'emmêler les pieds dans les lacets. Ou en éclaboussant la couleur par jets avec un balai, ou en la faisant gicler avec des poires. Pollock, l'inventeur du *dripping*, avait-il été influencé par l'écoute des *Trois morceaux en forme de poire*?

Satie ne créait pas comme tout le monde. Il avait un tire-lignes dans la tête, se servait d'un phono-peseur, et pesait, au centigramme près, un fa dièse obèse, d'au moins 93 kilogrammes. À l'aide d'un phonoscope, il examinait la grosseur d'un si bémol (était-ce une tumeur?), tâtait l'abcès ou l'aspect suspect d'un fa dièse (quel symptôme?), il épurait les sons de leur embonpoint (un syndrome?) et de leur excès d'émotion. Les notes étaient de la pensée scientifique posée sur la portée qu'il importait de comprendre. «J'ai plus de plaisir à mesurer les sons qu'à les entendre.» Satie avait inventé la science de la mesure des sons et se disait phonométrographe.

Faussement atone, inerte et monocorde, sa musique, non pas *expressive* mais *introspective*, n'avançait pas, ne galopait pas, ne cavalait pas, ne s'emballait pas dans de folles cavalcades. Elle semblait faire du surplace, mais elle circulait sur les oscillations et les trépidations d'une seule note, semblable à la fixité du balancier qui, après s'être longtemps agité, ne remuait plus que d'un imperceptible mouvement, immuable et régulier. Satie n'écrivait pas de mélodies harmonieuses qui charmaient les tympans et endormaient les consciences, mais de la musique phonétique qui restait indéfiniment dans l'oreille. Le « satisme », c'était le statisme. Ne le touchait que le silence des sons, lents et ternes, étirés et inactifs que l'on confondait à tort avec du vide.

Le Vide transperçait l'espace.
Le Vide était suspendu dans l'invisible.
Le Vide abolissait le temps.
Le Vide était le point où tout s'équilibre.
Le Vide avait son propre poids.
Le Vide détenait toute sa force.
Le Vide était d'une fragilité extrême.
Le Vide n'avait pas d'envers.
Le Vide s'enracinait dans le vide.
Le Vide était la conquête de la symétrie.
Le Vide était un cosmos plane.
Le Vide était un centre introuvable.
Le Vide était sans avenir.
Le Vide s'étalait tout autour de lui.
Le Vide provoquait le vertige.
Le Vide s'étendait jusqu'au vide.
Le Vide s'avérait très profond.
Le Vide paraissait inapparent.
Le Vide équivalait au silence.
Le Vide se disait en se taisant.

Accordant entre eux les sons que l'on n'entendait pas, Satie créait de la musique blanche comme l'écriture blanche, la peinture blanche, la nuit blanche et la voix blanche. Il avançait « dans le lent », à coup de reprises et de redites, de piétinements et de surplaces obsédants. Aussi réfléchi que sa musique était imprévisible, il alternait la gravité et la légèreté, la douceur et la célérité, le sérieux et la fantaisie, l'atonie et la vitalité, la technique et la fraîcheur, la méthode et l'improvisation, la fugue et l'inertie, la tristesse et la vivacité, l'élan et le suspens. Il appliquait en bon disciple ce que Bach, à l'orgue, répondait à un de ses élèves qui l'admirait : « Il s'agit de frapper les notes justes, au bon moment. »

Quel que soit le registre abordé, des *Gymnopédies* aux *Préludes flasques (pour un chien)*, conçus en 1912, ou aux *Embryons desséchés*, œuvre parodique, composition pour piano en 3 mouvements, d'une durée de 5 minutes 30, écrite en 1913, on le reconnaissait d'entrée, dès la première note, sans même avoir dressé l'oreille. Ah, c'est du Erik Satie !

Satie, c'est Satie.
Il n'y a qu'un Satie.
Et c'est qui ?
Eh bien, c'est Satie !

CHAPITRE 6

Satie était en avance sur son temps, mais on ne le reconnaissait pas. On s'en moquait, on l'insultait, on le traitait de tous les noms – en avait-il seulement un ? Il se donnait des airs, il était frivole, bas de gamme (vilain défaut pour un musicien). On doutait de sa sincérité, on le dénigrait, on niait son originalité, son génie, on le tenait pour un amateur, un amuseur, un plaisantin, un ignorant. Il méconnaissait l'abc de la musique. C'était un polyphoniste univoque. On le taxait d'alcoolo, de rigolo, épris de pirouettes et de pieds de nez. C'était un brouilleur de pistes, un trouble-fête, un *fourvoyé* ! Ce n'était vrai qu'en partie. Il était farouche, extravagant, mais très logique et exigeant avec lui-même. Il cachait la profondeur en surface. On ajoutait qu'il était un faux naïf, fumiste, roué, invivable et insoumis en société, iconoclaste et pré-dadaïste (l'un n'empêche pas l'autre), et, sur un plan privé, chaste, prude, asexué, non marié par peur d'être… cocu !

Satie avait une relation compliquée avec l'autre sexe. Souffrait-il de syllogomanie, névrose obsessionnelle liée au sexe et à la honte du sexuel ? Il était l'homme d'un seul amour et n'avait fréquenté dans sa vie qu'une seule femme : Suzanne Valadon, de son vrai nom Marie-Clémentine Valade. Née de père inconnu, fille naturelle d'une lingère, elle avait passé son enfance sur la butte Montmartre, avec ses moulins, ses vignes, ses escaliers en pente et ses ruelles escarpées. Elle vivotait dans la misère et rêvait d'être une princesse. Femme caméléon, fantasque, fougueuse et libre, au caractère tempétueux, à la vie désordonnée, elle avait été acrobate de cirque, en maillot pailleté, échancré sur la poitrine, les hanches et les cuisses, vigoureuses et musclées, jusqu'aux fesses, mais, en 1880, après une chute, sa carrière s'était brisée net, à quinze ans. Elle mesurait 1 mètre 50 et ses bras trop courts avaient raté les mains (de fer) que lui tendait son athlétique partenaire, juché sur son perchoir, à six mètres du sol.

Patatras !

Ayant délaissé le chapiteau, elle était devenue blanchisseuse comme sa mère (le blanc, le blanc de blanc, le blanc complet, le blanc pur, le « blanc majeur », la blancheur attirait irrésistiblement Satie comme un aimant), puis danseuse nue, et s'était reconvertie pour finir dans la peinture. Mince et menue, avec un teint clair, des cheveux noirs et drus, coiffés en bandeau, elle était d'un an plus jeune que Satie qui en était instantanément tombé amoureux, séduit par son audace, son sex-appeal et sa liberté sans égal. Elle avait vingt-six ans, en 1893, il ne voyait que ses yeux bleus, sa bouche moelleuse, sa peau douce. Croyant sortir de sa « glaciale solitude » et du cafard qui engourdissait son cœur, il multipliait les offres de rendez-vous où il se rendait transi, des papillons dans les pupilles, et se réjouissait à l'avance du plaisir qu'il aurait à la voir. Suzanne avait un grand cœur, mais il était trop vaste pour lui. Il l'avait demandée en mariage le soir même du jour où ils s'étaient rencontrés, après la première et seule nuit qu'ils avaient passée ensemble. Leur relation était intense mais brève et il prenait soin de préciser qu'elle avait débuté « le samedi 14 janvier 1893 et avait pris fin le mardi 20 juin de la même année ». Soit, un total de six mois comme le rappelait une pancarte accrochée dans son miteux « Placard ».

Satie se sentait ridicule à ses yeux et cette unique tentative de mariage renforçait son instinctive et définitive méfiance envers les femmes. Elles ne le comprenaient pas mieux que les hommes. Peau de chagrin. Suzanne était aussi indomptable, volcanique que lui, cela ne pouvait pas marcher. Satie expédiait ses affaires sentimentales comme il dépêchait son courrier qu'il n'envoyait (presque) jamais. Après cette histoire d'amour calamiteuse, il s'était réfugié à fond dans la musique. « La solitude m'apprend beaucoup », se répétait-il, inconsolé.

Suzanne Valadon, avant d'entamer sa carrière d'artiste et de peindre des nus féminins, aux couleurs éclatantes, cernés d'un trait appuyé, était devenue modèle pour une nuée d'artistes renommés. Les tarifs étaient trois fois plus élevés quand on posait nu. Elle touchait 10 francs pour une séance de quatre heures, posait pour Pierre Puvis de Chavannes, dans son atelier place Pigalle, Auguste Renoir, dont elle était la maîtresse, qu'elle qualifiait de « peintre de soupe à la tomate », épithète warholienne avant l'heure, Henri de Toulouse-Lautrec, son voisin du 12 rue Cortot, qui mesurait moins d'1 mètre 50, qu'elle voulait épouser malgré son physique disgracieux (maladie des os de verre), mais aussi pour Edgar Degas qui l'appelait la « terrible Maria » et croquait des nus aussi modernes que sensuels, taxés d'indécents parce qu'il campait, souvent au pastel, des femmes au tub, courbées dans des poses naturelles, accroupies dans une bassine de fonte, s'essuyant, se coiffant, s'épongeant ou se séchant. Satie n'avait pas croisé Degas au *Chat noir*, et il l'épatait quand il saisissait à l'Opéra les musiciens dans la fosse penchés sur leurs instruments, pinçant les cordes d'un violon, affûtant la baguette d'un archet, froissant leurs cordes fines en boyaux de chat – étaient-ce ceux des siamois de Ravel ? – ou faisant tinter d'un geste leste l'écho ténu d'un triangle. L'épatait aussi le chef en habit à son pupitre, dressé tel un faune dans les abysses de la fosse, d'où seule saillait la tête échevelée, dos tourné à la salle plongée dans l'obscurité, qui s'agitait, s'inclinait, brandissait, hissé sur les talons, au risque de s'envoler dans les cintres, modelant la figure mouvante de la musique avec son corps.

*

Après son affaire d'amour désastreuse, Satie, ayant regagné sa liberté, continuait à écrire à Suzanne qu'il appelait « Biqui », « chère petite Biqui », « Mon petit Biqui » ou « Biqui chérie ». Il n'avait jamais eu de chance avec les femmes. Augures du malheur, elles étaient le drame de sa vie. Sa sœur, sa mère et sa grand-mère, chacune l'avait abandonné, il n'avait connu que des naufrages. Satie était orphelin de naissance. Il avait compris très tôt quel serait son destin. Qu'y faire ? Ainsi va la vie, il en avait pris son parti. Et il avait évoqué dix ans plus tard cette liaison fugace, dans la chanson *Allons-y Chochotte*, interprétée par Paulette Darty, « la Reine des Valses lentes » pour qui il avait aussi écrit *Je te veux*.

Suzanne Valadon avait meublé un très court temps sa « glaciale solitude ». Elle était intenable, farouche, indépendante et trop autonome pour lui. À dix-huit ans, elle était la mère d'un enfant né le 26 décembre 1883, le lendemain du jour de Noël. Il était le fils naturel de son premier mari, l'hidalgo Miguel Utrillo (cheveux de jais, teint mat, nez busqué), qui l'avait reconnu le 27 janvier 1891, mais ne l'avait jamais vu. Satie avait pris peur. Il n'était pas prêt à élever le mioche d'un autre. Il se voyait d'autant moins papa que le rejeton illégitime était alcoolique dès l'âge de six ans et fou à lier à toute heure. Il picolait tant qu'on l'avait baptisé *Litrillo*. Il avait fini par devenir peintre comme sa mère pour s'occuper et Satie détestait autant sa peinture que celle de Boudin, ce qui n'est pas peu dire. Comment vivre avec une femme dont on ne partage pas les goûts ?

Prenant son courage à deux mains, il avait porté plainte au poste de police le plus proche. L'endroit, fort dégradé, n'était pas chaleureux. Au commissaire, peu commode, Satie s'était présenté poliment.

— Bonjour. Je viens porter plainte.
— Contre qui ?
— Contre moi !

Et il s'était accusé d'avoir voulu balancer, dans un geste d'humeur, Suzanne Valadon par la fenêtre pour s'en débarrasser, mais, grâce à son agilité d'ancienne trapéziste, elle avait effectué un double saut périlleux en arrière, suivi d'un vol plané acrobatique et était retombée sans mal sur ses pattes. Ce n'était pas assez. Et, sans se démonter, il avait ajouté :

— Il y a une autre raison.
— Laquelle ?
— Je n'aime pas les peintres qu'elle aime.
— Ce n'est pas une raison.
— Il n'y en a pas de meilleure.
— On peut vivre sans amour.
— Mais je déteste son fils !
— Qu'est-ce qu'il vous a fait ?
— C'est un mauvais peintre.
— Pourquoi ?
— Il peint comme Boudin.
— Vous n'aimez pas Boudin ?
— Il est plein comme un boudin !
— Ah, un bon boudin !
— Boudin me donne le mal de mer !
— Bon. Signez là.

Ainsi fut dit, ainsi fut fait. Comment ne pas sourire ? Mais ce n'était pas une blague. Satie ne plaisantait pas et il n'avait plus jamais frayé avec un membre du sexe opposé. Satie s'était rendu pour toujours à lui-même. Il était seul pour la vie.

Deuxième partie

CHAPITRE 7

En 1898, Satie avait déménagé dans la banlieue sud de Paris, 22 rue Cauchy, à Arcueil, dans la maison dite des « Quatre cheminées », nom de l'enseigne du débit de boissons au coin de la bâtisse où il occupait une pièce carrée, au deuxième étage. Satie était un périphérique. Il se sentait à sa place dans ce logis sans confort, sans salle de bain, sans eau chaude, sans toilettes, sans gaz et sans horizon. « Personne ne viendra me chercher ici », songeait-il. Qui viendrait alors ? Personne, justement. C'était chez lui. Banlieue rurale, telle qu'en peignait Utrillo, avec ses maisons décaties aux murs lépreux, Arcueil n'était pas Auteuil. Satie ne risquait de se perdre qu'en lui-même, s'il mettait le nez dehors. À trente ans passés, il avait trouvé son havre d'accueil aussitôt baptisé son « havre d'Arcueil ». C'était une contrée crasseuse qu'égayaient des champs à l'abandon, des usines en rade, aux hautes cheminées suintant de suie, sortes de sémaphores, et des vagues terrains vagues qui lui rappelaient vaguement la mer. Les artistes n'y résidaient pas. On le prenait pour l'un d'eux et, pour ne pas les décevoir, il s'était présenté aux Arcueillais comme un « compositeur de variétés ». Plus on est seul, mieux on crée. Satie se félicitait d'avoir un refuge. L'extrême dénuement de ses conditions de vie le menait dans cette tanière ouvrière, qu'il nommait avec dérision sa « tour d'ivoire ». « Quiconque habite une tour est un touriste. »

Pour entrer dans son abri, il devait se faufiler dans l'entrebâillement de la porte et grimper sur le lit. Tout était là. Il ne possédait rien. Aucun ustensile utile. Dans un coin, se carrait un lit de fer dans lequel il s'assoupissait sous le regard des étoiles, couvert d'un drap moins épais qu'un doigt. Il n'aspirait qu'à dormir dans du linge propre et s'endormait parfois dans son costume (chapeau, manteau, cravate, guêtres, col amidonné), et, pour lui tenir compagnie, son parapluie, aussi fidèle qu'un chien. L'eau était dans la cour, elle gelait en hiver. Il n'employait pas de savon, mais de la pierre ponce. « Jamais de bain ! On ne se lave bien que par petits morceaux. » C'était aussi l'opinion de Suzanne Valadon, qui se rinçait de la tête aux pieds sans savon qu'elle avait en horreur parce qu'il laissait des traces sur ses bassines. Où aurait-il mis sa baignoire ? Reclus dans la chambre de l'oubli, il se dévisageait de dos et jetait un regard au loin par la fenêtre qui ne donnait sur rien. Le monde tournait dans l'autre sens. Seul au monde et seul dans son monde, emmitouflé dans son ironie, Satie menait une existence misérable. Il n'était pas là par hasard. Quoi de plus triste qu'Arcueil ?

L'espace était un volume vide situé entre les objets. Pas de meuble. Une table rase. Nulle chaise pour s'asseoir. Il les piquait dans les cafés où il traînait et dans les bistrots où il avait ses habitudes, le gérant de l'un d'eux, établi rue Émile-Raspail, en face de l'église Saint-Denys, où il concoctait ses compositions « aux titres drolatiques » que certains traitaient de « pitreries », logeait au 24, rue Cauchy, à deux pas de chez lui. C'était sa chambre forte, sans rapport avec l'affreux « Placard », où il tenait à peine debout, son alcôve symétrique où régnaient l'ordre et l'équilibre, que rien ne menaçait. C'était son gîte, son repaire, baigné par l'éclat de la simplicité, l'aura de la sobriété. Il était là, mais n'y était pas. Personne ne le voyait. Lorsqu'il entrait dans cette aire simple, parfaite, il s'interrogeait sur le pas de la porte : L'espace sert à quoi ? Repli ultime, coquille de noix, radeau immobile, sans eau et sans réconfort.

Hamlet sans Ophélie
Tchekhov sans *Cerisaie*
Alceste sans Philinte
Proust sans madeleine

Joyce sans Dublin
Kafka sans Max Brod
Glenn Gould sans tabouret
Van Gogh sans oreille
Beethoven sans pom-pom-pom
Debussy sans rectum.

Cela sentait le renfermé. Satie ne faisait pas le ménage, il n'encaustiquait pas le parquet, poncé à l'eau carbonatée et ointe au savon noir. L'endroit était si étroit qu'il ne pouvait ouvrir les bras. Pas d'exercices pianistiques (bons pour les doigts) ni de « gymnastique gymnopédique ». 1-2-3 ! Satie se plaisait dans son antre privé, huis clos inaccessible dont il s'accommodait et où nul n'avait la permission d'entrer. Sa porte sans clé était toujours fermée. Il suivait à la lettre le conseil avisé de Braque, Normand comme lui, concernant Picasso : « Avec Picasso, il faut faire attention. Quand on ouvre une porte, il s'engouffre et la referme derrière lui. »

À Arcueil, Satie restait absent du logis qu'il habitait. À l'écart dans son asile poétique, il regardait au-dehors. La vie passait, les gens aussi. Personne ne levait la tête vers lui. Et il se disait : « Vous ne me reconnaissez pas ? Écoutez donc ma musique. » Il craignait qu'elle entre dans leurs oreilles et s'envole comme un courant d'air. Il était là, nul ne le savait. Tous les jours se ressemblaient. Comment s'occuper ? Il remuait les idées de l'aube à midi, en cherchait des nouvelles. « Les idées qui changent la face des choses viennent à pas de colombe », assurait Nietzsche, qui avait peu à peu perdu la raison et était devenu complètement fou. Elles seules suffisaient pour changer la musique et, en lorgnant le décor de cette morne banlieue, il marmottait dans un soupir : « C'est moche, mais je suis bien chez moi. »

Était-ce si sûr ? Satie n'existait pas dans l'existence. Où était-il ? Il n'habitait pas là, il logeait dans sa tête. Et si on lui demandait où Satie habitait, il répondait dans un sourire : « Il n'est pas chez lui parce qu'il est ici. » Mais il pensait tout bas : « Je suis là et, en même temps, je n'y suis pas. » Et des fois, il ajoutait en blaguant : « Satie est là ! » Où ça ? « Là-bas ! » Trop tard, le temps de se retourner, il était déjà parti. Lui-même se voyait passer comme s'il était un autre et qu'il n'existait pas. Et, rentré chez lui, il se demandait, sérieux comme un pape : « Où étais-je tout ce temps ? Qu'ai-je fait de mon absence ? Qu'importe ! La question ne se pose plus. Me voici de retour. »

Certains jours, il ne pensait qu'à sortir et à revoir « le bon vieux soleil » qu'il fuyait tant d'ordinaire. Mais sitôt dehors, il se carapatait et rejoignait la maison des Quatre cheminées. Chez lui, il était dans sa boîte, il entrait dans la pièce, s'attardait sur le seuil, s'asseyait sur une chaise absente, et, sans avoir l'air d'y toucher, avouait à voix basse :

— Je n'en sortirai jamais.

CHAPITRE 8

Austère et infrivole, Satie était un homme de manies, de rangement, de classement. Sa vie était réglée comme du papier à musique. Il avait des horaires stricts. Dans un texte intitulé *La Journée du musicien*, il en établissait le déroulement dans l'ordre que voici : « Mon lever : à 7 h 18, inspiré : de 10 h 23 à 11 h 47. Je déjeune à 12 h 11 et quitte la table à 12 h 14. » Et caetera. Avec humour, il précisait : « Il est mauvais de se noyer après avoir mangé. » Était-ce une allusion à la fin tragique de sa grand-mère, Eulalie ? Elle avait un côté morbide. Voulait-elle survivre ou mourir ? Elle avait choisi. Et, pour clore le récit de sa journée, il notait : « Je ne dors que d'un œil ; mon sommeil est très dur. Mon lit est rond, percé d'un trou pour le passage de la tête. Toutes les heures, un domestique prend ma température et m'en donne une autre. » Cet exposé chronologique était-il vrai ? Il faut le croire puisqu'il le dit. Bien entendu. Qui oserait mettre en doute la parole de Satie ?

Son chez-soi, c'était lui. Le cernaient des centaines de boîtes de crapulos, cigares bon marché, pleins de rogatons de carton, uniquement des années 1890, ornementés de couleurs, couverts de devises et d'énigmatiques annonces rédigées d'une écriture gothique, alambiquée, tarabiscotée, à peu près indéchiffrable. Ces 40 000 rectangles, de la taille d'un timbre-poste, étaient proches de ceux, minuscules, que griffonnait et appelait *mikrogramme* Robert Walser, qui nommait aussi *dramolette* les drames brefs qu'il écrivait. Son père, Adolf, était relieur et commerçant, comme Alfred, le sien, et sa mère, Elisa, était morte quand il avait seize ans. Walser s'était renfermé de plus en plus sur lui-même, il avait passé vingt-sept années dans des institutions psychiatriques et avait trouvé la mort à soixante-dix-huit ans, dans la neige, la nuit de Noël 1956. Un manteau de froid le recouvrait, il s'était fondu à jamais dans le paysage hivernal.

Ah, le blanc, toujours le blanc !

Le blanc le réconfortait, le blanc contenait les autres couleurs. C'était celle de la neige qui n'était jamais blanche, mais bleue, jaune ou verte selon la lumière. Existait-il vraiment ? C'était la teinte de l'innocence, du blanc des yeux, du linge, des os, des bonnets de nuit, du loup (blanc) et des cygnes qui sentent quand ils vont mourir et chantent encore mieux qu'ils ne l'ont jamais fait. « Le blanc résonne comme un silence absolu, profond et intelligible », disait Kandinsky, l'inventeur de l'art abstrait. Il avait vécu au bord de la mer Noire et Satie trouvait bariolés ses tableaux qui associaient les couleurs et les formes aux sons. Il voulait, au contraire, que sa musique soit *incolore* et il l'indiquait en spécifiant : « En blanc... Encore plus blanc, si possible. »

Proche de la ouate des merceries ou de la consistance des barbes à papa, le blanc l'assurait de se prémunir des infections. Satie se souciait de sa santé comme d'une guigne, mais il respirait avec parcimonie (peu à la fois), fumait comme un sapeur (les fameux crapulos) car sinon un autre fumait pour lui, il faisait bouillir son eau et n'absorbait que des aliments blancs : des œufs (sans le jaune), du céleri, des asperges, des pois chiches, de l'ail émincé, du lard frit, du sucre, du lait de poule, du boudin (en dépit du peintre), du chou-fleur, des champignons (de Paris), des poireaux, du chou-rave, des navets (ceux de ses confrères), du fromage râpé, des nouilles, des pommes de terre, des poires (pelées, sucrées, digestes et délicieuses), des pêches, des oignons, du riz (rira bien qui...), du poisson (sans la peau), du pain (sans la croûte, que la mie, mais il continuait de manger son pain noir), du sel cru, du poulet, de la noix de coco, de la meringue, du pâtisson, des calissons, du coton, de l'avoine (comme les ânes et les canassons), de la graisse d'animaux morts et du saindoux (maternel), mais il détestait les vers blancs, réservés aux mauvais poètes.

La vie à Arcueil ne différait pas de celle, menée à l'écart du monde, en Suisse, à Waldau, puis à Herisau, par Robert Walser. Satie veillait à son désordre et au rangement de ses affaires dans une disposition rigoureuse. Il époussetait le vendredi de 8 heures à midi les flocons de poussière, pareils à des nuages de neige, qui s'infiltraient dans tous les endroits, le moindre interstice, le plus infime recoin. Ils enjolivaient sa masure autant que les toiles d'araignées dont il ne redoutait pas la présence mais dont il souhaitait, au contraire, l'existence. Les araignées n'avaient pas de carapace. Les filaments qu'elles tramaient l'ensevelissaient dans son cocon. Elles ne lui faisaient pas peur. Par elles, régnaient l'ordre et la propreté qu'il n'avait pas appris de sa mère. Il se pelotonnait dans leur sein. Elles tissaient des guirlandes de lumière qui décoraient son cube vide (pur néant) de fines rosaces, aussi transparentes que celles d'une cathédrale. Ce n'étaient pas des déjections d'insectes. Jamais il n'aurait percé une toile d'araignée avec une épingle. Sa propre vie ne tenait qu'à un fil.

Et il accordait beaucoup d'importance à sa correspondance qu'il rédigeait, sans mâcher ses mots, sur du papier usagé, froissé, souillé, au verso de documents administratifs, libellés dans un jargon impersonnel qui était l'inverse du sien, et qu'il assortissait de formules de son choix : « Je vous embrasse et vous écrase les bras en vomissant de toutes mes forces », ou « Je me roule à vos pieds et vous serre cordialement les ongles », ou encore « Je me roule en rond en vous embrassant sur les joues », et enfin « J'éternue... et je vous salue gracieusement ». Mais il écrivait aussi comme des canulars des poèmes en vers libres, des cartes postales et des billets de faveur, des lettres de démission d'un groupe fondé par lui ou des messages d'admiration qu'il s'adressait en personne, sur une carte de visite à en-tête dessiné de sa main. Satie ne jetait rien, il gardait les lettres qu'il recevait, mais qu'il n'ouvrait pas, ainsi que les brouillons de celles qu'il expédiait dont l'une, où il se donnait rendez-vous pour le lendemain.

S'y rendrait-il ?

Aucune de ses missives ne ressemblait à une autre. Toutes étaient formulées sur un ton différent, solennel ou fantasque, et par tous les temps (présent, imparfait, passé simple), par beau temps et temps de pluie. Quand il n'avait rien à dire, Satie s'adressait à son parapluie et laissait cabrioler son esprit. Il inventait une langue que personne ne parlait, et il recopiait ses dires sur du papier blanc, à l'encre bicolore, dans une calligraphie chantournée, digne d'un manuscrit du Moyen Âge, précieuse enluminure, propre à dérouter les graphologues, qu'il relisait en plissant les yeux derrière ses lorgnons, puis, après s'être relu, un peu troublé, il murmurait :

— Je n'y comprends rien.

Il abominait le style ampoulé et mettait vingt minutes pour noircir un pneumatique de six lignes d'une écriture aussi empesée que ses faux cols. Ayant un goût prononcé pour les mots introuvables tel que « coquecigrue », il disait que Ravel était « ailurophile » (passion des chats) et que lui-même était atteint de « syllogomanie », frénésie pathologique pour l'accumulation allant jusqu'à l'insalubrité et la saleté, qualifiée de nos jours de « syndrome de Diogène ». « Un poète a toujours trop de mots dans son vocabulaire », disait Cocteau, le « Prince Frivole », et c'est dans un pur patagon qu'il avait envoyé, le 19 février 1901, à Conrad, qui n'était pas du bois dont on fait les parapluies, cette lettre d'autant plus parlante que la correspondance et les souvenirs qu'il conservait, avaient été perdus.

« *Meu frère. Teu aur frère s'mine, el paur cher homme, des deigts ed pieds au fin fond du fin bout ed ses c'ieux ed d'la tête. I's'emmerde dru, et i'l'dit l'pus fort qu'i' peut, el paur homme. C'est-i' permis d'emmerder eune homme comme n'on emmerde un quin ? Dis-mey-le.*

C'est-i' permis ?

Si c'est permis, c'est eune honte pu honteuse qu'toutes ils hontes ensemble. Saloperie ed monde ! Et ça existe edsous el soleil ! Faut-i qu'i' soye piant, al vaque ! J' voudrions qu'i' creve, el poisson pourri !

Faudrait être pus subtil qu'tei et mei, core pus fin qu'eun rat, et cor pus rusé qu'eun ed ces genres d'arabes comme on en veit si souvent ed dans les feires, pour y voir censément clair dans toutes es noms ed Dieu ed charogneries.

Si core y avait à beire ed bon fort cidre !

J 't'en fouts !

Teu frère qui t'embrasse et pus mieux qui soye.

Erik Satie »

CHAPITRE 9

Satie logeait le diable dans sa bourse et celui-ci l'attirait vers le bas. Il avait un trou dans son porte-monnaie, vivait de l'air du temps et se terrait à Arcueil, faute de pouvoir acheter un billet de train ou d'un autre mode de transport. Rétif au voyage, il ne courait pas le monde ni n'en faisait le tour comme Blaise Cendrars au patronyme composé de braise et de cendre. Suisse comme Walser, né en 1887, vingt et un ans plus jeune que Satie qui n'avait pas d'âge, il en paraissait deux fois plus. Bourlingueur insatiable, baroudeur chimérique, globetrotteur à la trogne cabossée, au béret vissé sur la tête par une lampe à souder, il « baragouinait » plusieurs langues. Sans doute s'étaient-ils rencontrés dans un troquet de Montparnasse où ils vagabondaient autour d'un verre. Il avait suivi Satie à la banque, dès l'ouverture, la seule fois où il avait touché un gros chèque, en veillant à ce qu'il ne dépense pas tout d'un coup (dans le nez), en cours de route. Il avait perdu en 1915 l'usage du bras droit, amputé au-dessus du coude qu'il levait allègrement, ce qui le forçait à écrire *gauchement* de sa main valide et il avait dû renoncer à la carrière de musicien et de compositeur. Mais sa passion pour la musique restait intacte. De celle que composait Satie, qu'il admirait, il affirmait qu'on pouvait « enfin l'écouter sans se prendre la tête à deux mains ».

Ce compliment touchait Satie qui ne se poussait pas du col (il en avait des dizaines qu'il n'utilisait pas). Il n'avait pas honte de celui qu'il était, ne doutait pas de sa réussite à venir, mais quand il pensait à sa triste existence, il marmottait dans sa barbichette : « C'est à pleurer. » Il supportait mal d'être sans le sou. Orfèvre de la pauvreté consentie, virtuose de l'indigence forcée et du dénuement forcené, il avait un profond mépris pour l'argent. « Je ne vois pas pourquoi l'argent n'aurait pas d'odeur, lui qui peut tout avoir. » Mais il ne se gênait pas pour taper ses amis, proches ou lointains. « Les artistes ont le droit de mendier. » Satie éprouvait chaque jour ce qu'il avait énoncé froidement. « L'exercice d'un art nous convie à vivre dans le renoncement le plus absolu. » La misère (noire) le privait de son instrument. En un saisissant raccourci, il assurait : « Le piano, comme l'argent, n'est agréable qu'à celui qui le touche. »

Satie n'était pas d'un caractère facile. Insaisissable, susceptible et radical, il était capable de rompre toute relation sans motif apparent, la renouant bien après comme si de rien n'était. Quelle était la cause de sa fureur ? Peut-être n'y en avait-il pas ? Jamais en reste de ruptures et de fâcheries, il perdait un à un tous ses amis. Cela lui causait de la peine, mais c'était ainsi. Il ne tolérait pas un seul faux pas ni le moindre faux bond, aucune incartade, pas de trahison. Sinon, il boudait et s'avérait impitoyable dans la suite des relations. Sa vie était absolument solitaire. Il pouvait reprendre à son compte, au mot près, sans en changer aucun, ce qu'écrivait Baudelaire à sa mère, restée à Honfleur, dans une lettre le 6 mai 1861 : « Je suis seul, sans amis, sans maîtresse, sans chien et sans chat à qui me plaindre. »

Le vide remplissait sa vie. La création était sa seule consolation, son unique occupation. Son humour sarcastique, souvent incompris, le sauvait du néant. Il détestait les sots qu'il traitait de « cons » (ce mot revient souvent dans sa correspondance, avec son épithète aggravée : « C'est un cul ! »). Satie n'aimait pas André Breton, ce potentat, qui détestait la musique (la sienne en particulier), mais Georges Braque et lui, une fois qu'ils s'étaient rencontrés, étaient devenus de vrais amis, et il en était de même avec André Derain, colosse de haute taille (1 mètre 83), tenant du fauvisme, ami de Braque et Picasso. Satie avait des amis, mais il était seul. Et cela s'était mal terminé avec Debussy, éreinté par les brouilles successives, dont la santé s'était détériorée rapidement. Ils s'étaient influencés l'un l'autre et ardemment disputés, mais alors qu'ils étaient liés par une « douce et admirative » amitié de trente ans, ils avaient rompu définitivement et ne s'étaient plus jamais revus.

Satie avait plus d'amis peintres que musiciens. Il s'intéressait à toutes les tendances nouvelles en peinture, même à celles qu'il ne connaissait pas directement, et surtout à celles qui n'étaient pas de son temps. Il s'étonnait du piano à queue de Joseph Beuys, empaqueté dans une épaisse couverture de feutre, de teinte gris souris, sur lequel reposait un tableau noir, avec un thermomètre. Était-ce pour prendre sa température ou celle de la pièce où il vivait et où il gelait à pierre fendre comme chez lui à Arcueil, en hiver ? Et il s'amusait de celui de Bertrand Lavier, nappé d'une épaisse couche d'acrylique ou de laque noire, qui altérait le son, rendant l'instrument impropre à la musique, et il appréciait que l'artiste ait laissé bien visible au-dessus du clavier, sans entraver les touches noires et blanches, l'inscription « *Gabriel Gaveau* », qui donnait son titre à l'œuvre. Quoi de plus normal ? Le nom de Lavier était contenu dans le mot clavier. Mais il n'aimait pas du tout celui qu'Arman, le sculpteur, avait détruit en public sur le toit de son atelier, à Nice, en 1967.

Satie n'avait pas de piano chez lui. Il composait de tête, dans les cafés, ou en marchant, sans instrument. Pour bien jouer du piano, il ne fallait pas de piano. Mais un dimanche, il en avait apporté un dans une voiture à bras traînée par un homme de peine et qu'il poussait à l'arrière. Ils l'avaient hissé jusqu'au deuxième étage avec difficulté car un piano droit pesait 450 kilos, et, plus tard, il en avait eu un second, prêté par un éditeur. Il ne comptait pas s'en servir et avait retiré une à une les cordes, tendues à la verticale. Était-ce pour se pendre ? Et prenant son courage à deux mains, poussant de toutes ses forces avec les avant-bras, il les avait montés poussivement l'un sur l'autre comme une bête à deux dos ou des pachydermes copulant, le clavier fermé de celui du dessus, hors de portée, accoté contre le mur afin qu'il ne serve plus, la caisse de celui du dessous, hors d'atteinte, tenant lieu désormais de boîte aux lettres. Puis, il les avait ficelés l'un à l'autre avec une corde à linge, dégotée chez un quincaillier du coin, et avait ligoté les pédales, inertes à jamais. Satie, légèrement essoufflé, mais soulagé, avait alors poussé un gros soupir. Comment s'y était-il pris ? Mystère. Personne ne le savait, mais le plus dur était fait.

Il se retrouvait isolé dans une pièce encombrée. Où était l'armoire, où était le lit ? La chaise était-elle une table et la table une chaise ? Ou l'armoire un lit ?

Les deux pianos juchés l'un sur l'autre occupaient toute la place. Il n'y avait plus de repère. La table n'était-elle pas une chaise ? Et la chaise où s'asseoir une table ? Était-il assis au bord de la chaise ou sur un coin de table, à côté du lit de fer ? N'était-il pas caché sous la table, la chaise, l'armoire et le lit rangés dans un coin de la pièce pour laisser la place aux deux gros mammifères empilés ? Ne dormait-il pas dans l'armoire absolument vide ? Et n'était-ce pas sur le lit qu'il rangeait ses affaires, les cols amidonnés, les mouchoirs, les complets, les chapeaux, et la kyrielle de parapluies emballés ? Au grand vide où rien ne traînait avait soudain succédé le trop-plein. Dans cet espace rempli à craquer, où il s'asseyait en restant debout et où il n'autorisait personne à pénétrer, Satie, absent tout en étant présent ainsi qu'il l'était au-dehors, trouvait à peine sa place pour respirer.

CHAPITRE 10

Esprit mathématique et prévoyant, sans propension au rêve, Satie disait : « L'homme est aussi fait pour rêver que pour avoir une jambe de bois. » C'était un marcheur au long cours, mais il détestait qu'on le suive, il avançait à son rythme et ne s'aventurait plus guère dans Paris. La présence des autres le cantonnait dans un état de malaise indicible. Il rasait les murs et se tenait à distance des gens qui se retournaient sur lui dans la rue. Surpris par son étrange figure en s'apercevant dans une vitrine, il chuchotait :

— Je léguerai ma silhouette à la postérité.

Il n'allait plus à Montmartre où il avait connu tant de déboires, ne s'aventurait pas plus loin que Montparnasse, carrefour des arts, creuset de la modernité et centre du monde, où il faisait provision de crapulos, rendait visite à Constantin Brancusi, dix ans plus jeune que lui, arrivé à Paris en 1904, dans son atelier de sculpture et dînait chez Darius Milhaud ou Francis Poulenc, dit « Poupoule », jeune rentier, qui lui apportait de temps à autre son soutien financier, lorsqu'il le retenait à dîner. Puis, il disparaissait comme une ombre dans la nuit et rentrait chez lui, après avoir sifflé une bouteille de cognac.

— Au revoir, Satie.
— Dada !

Il regagnait Arcueil à pied, personne ne connaissait son adresse. On lui écrivait à celle qu'il donnait, sans poser de question. « Il est bon de marcher un peu après dîner », badinait-il en rigolant. C'était loin. Le trajet état long. Il n'y allait pas par quatre chemins, trottait à vive allure, d'un pas agile, avec des chaussures de fortune. Toujours dans les beaux quartiers, il avait repéré un marchand de souliers, *Aux Mille Pieds*, qui lui avait tapé dans l'œil, et, comme à son habitude, il avait acheté d'un coup douze paires de souliers, sans les essayer. Un pour le pied gauche (du 45, ça n'allait pas), l'autre pour le droit (trop étroit), il clopin-clopait, un autre trop grand, il cahin-cahotait, un quatrième, il boitait, le cinquième serrait, il dérapait, le sixième sans lacets, il le perdait après trois pas, le septième lié au huitième par un double nœud, il zigzaguait et valsait dans la rigole, le neuvième au pied levé il sautillait comme à la marelle, le dixième sans semelle, il passait à travers, le onzième, aux semelles de plomb, était si lourd qu'il le portait à son cou et, versant dans le bas-côté, s'était fait une entorse.

Rentrer ainsi n'était pas gagné d'avance. Il faisait halte au bar-tabac *Le Lion*, place Denfert-Rochereau, où il composait sa musique, lampait des demis, des verres de fine et de calva. Il en était de même au *Café Napolitain*, sur les boulevards, où il ne s'attardait plus. Arcueil était à 11 kilomètres depuis le lion de pierre de Denfert qui évoquait celui de la *Metro-Goldwyn-Mayer*. Il pleuvait des cordes (pour attacher ses pianos), mais il ne se mettait pas à danser ni ne roucoulait « tou-tou-dou-dou, tou-dou-dou-dou-dou » comme Gene Kelly dans *Singin' in the Rain*, bien qu'il connût parfaitement l'anglais que sa mère lui avait appris, mais qu'il ne parlait jamais, ne grimpait pas sur un réverbère sous les yeux d'un agent en uniforme, ne claquetait pas sur le trottoir ni ne pataugeait dans le caniveau en éclaboussant tout autour de lui, et refermait son parapluie qu'il n'offrait pas à un passant interdit, mais rangeait avec précaution sous son manteau pour ne pas le mouiller.

Comme Brancusi venu à pied à Paris de sa Roumanie natale, il se disait que rallier Arcueil à pattes était moins loin que quitter la capitale en franchissant les Carpates. Passant entre les gouttes, il composait en marchant et battait la mesure avec son parapluie. Sous un ciel en lambeaux, il avançait par des chemins incertains, des sentiers boueux, gorgés d'orties et de chardons, traversant des bois sombres, longeant des murs fangeux, crêtés de lierre et d'affreuses feuillaisons, croisait des chiens errants, des chiens battus, des chiens perdus, des chiens écrasés, des chiens aboyant comme des fous, des chiens qui menaient une vie de chien, sortaient par tous les temps, un temps de chien, à ne pas mettre un chien dehors – nom d'un chien ! –, ils lui léchaient les doigts ou mordillaient les pans de son habit.

C'étaient ses amis et les seuls admis, pendant près de trente ans, dans sa niche d'Arcueil. Il appelait Alfred, son père, « le bon gros chien », aimait Polaire, le gros toutou de Brancusi, aussi blanc que la blouse de pharmacien et l'atelier de son maître. En concevant en 1912 *Véritables Préludes flasques (pour un chien)*, il avait eu une idée brillante : « Je veux faire une pièce pour chiens et j'ai mon décor : le rideau se lève sur un os. » Satie ne redoutait pas ceux qui l'escortaient et gravitaient en bande autour de lui. Ils lui avaient inspiré cet aphorisme cinglant : « Plus je connais les hommes, plus j'admire les chiens. » Être musicien, n'était-ce pas un « chien de métier » ou, plutôt, un « métier de chien » ? Satie aimait sincèrement tous les chiens, ombres des hommes.

Sous un ciel nébuleux, il progressait en musicien silencieux. La vie, n'est-ce pas essayer d'avancer ? Il chutait parfois dans un fossé, où il passait la nuit, recroquevillé dans le bas-côté, comme s'il était couché au fond de son lit. Achoppant sur une pierre, butant sur un caillou, il avait hâte de rentrer chez lui, à chaque pas, chaque enjambée, chaque avancée du pied au contact du sol, il gagnait les précieux (et périlleux) millimètres qui le rapprochaient de son terrier, son sinistre clapier, son inviolable, et peu enviable, logis. Impatient d'y arriver, il se trompait de chemin comme il s'égarait dans son siècle et, malgré les obstacles qui lui barraient la route ou l'en faisaient dévier, il allait de l'avant dans le noir sans savoir où il était, se demandant pourquoi il était là et pas ailleurs, et après maints tours et détours, sans désir de revenir en arrière, ni s'accorder de repos – vieillir, c'est s'arrêter –, il arrivait enfin à bon port dans la lumière moisie du petit jour, réintégrait son refuge qu'il déplorait de quitter dès qu'il mettait le nez dehors et gravissait les 26 marches usées de l'escalier qu'il montait une à une, de palier en palier, avant d'accéder, hors d'haleine, au deuxième étage, but ultime de l'escalade, où perchait son chez-lui.

Ouf !

Sitôt la porte fermée, il respirait un coup, heureux, soulagé d'être sorti d'affaire, de l'enfer, d'être rentré sain et sauf. Il débarquait à l'aurore, à l'heure où les lavandières lavaient le linge et où fermaient les estaminets mal famés. Le jour se levait, la lune se couchait, il s'effondrait d'une pièce, sans demander son reste, dans son lit comme une mouche morte. Et s'il ne s'absorbait pas dans le sommeil, en s'efforçant de le trouver, s'agitant dans son lit qui n'était pas de la même taille que son corps, il se posait quantité de questions. Qu'était le Jour ? Qu'était la Nuit ? La Nuit continuait-elle le Jour ? Le Jour et la Nuit n'étaient-ils pas un seul et même Temps ? Pourquoi y avait-il du Silence plutôt que Rien ? Le Vide valait-il mieux que Tout ? L'Infini avait-il plus de poids qu'un Murmure ? Peut-être n'y avait-il pas de réponse.

*

Le philosophe Vladimir Jankélévitch prenait l'ironie et l'humour de Satie au sérieux. Il le jouait au piano et assurait que c'était un homme « indéchiffrable », mais qu'il était aussi « problématique ». Il avait étudié de près sa création et en déduisait qu'il composait le matin, à jeun, dégrisé des excès de la veille, parfaitement réveillé, après l'ivresse de la nuit. Il précisait, sur sa lancée, que « la musique, c'est l'art du temps », volatile comme une bulle de savon, et ajoutait, en conclusion, qu'elle était « précaire, fragile, périlleuse et clandestine» et n'était, en fin de compte, que du «presque rien». Elle était inutile au monde, mais «apportait de la joie».

C'est cela qu'était la musique de Satie. Pendant l'été 1913, il avait composé les *Embryons desséchés*, œuvre parodique et dissonante, «absolument incompréhensible, même pour moi», et il avait conçu, à l'occasion de sa fête, pour se désennuyer, les *Descriptions automatiques*, recueil de 3 pièces, d'une durée d'exécution de 4 minutes 30 secondes environ. Surgissaient, comme un cheveu sur la soupe, une citation de *Maman les p'tits bateaux* et quelques mesures de *Dansons la carmagnole*, qui donne envie de sauter à cloche-pied, en sautillant gaiement d'un pied sur l'autre, les poings sur les hanches pour soutenir l'équilibre du corps, suivant les changements de rythme et d'allure, escortés par des tambours, des clochettes et des clairons. C'était à s'y tromper. Ces mélopées aussi fortuites que réjouissantes, d'une simplicité touchante et d'une gaieté entraînante, étaient minutieusement calculées, aussi prévues et combinées qu'un théorème mathématique.

Satie refusait la profondeur et la pénombre, ne créait que des choses courtes comme les chapitres de ce livre, quelques secondes, une minute était très longue pour lui, une heure n'en parlons pas. Il excellait dans la brièveté. La beauté résidait dans l'émotion. Celle-ci était d'autant plus intense qu'elle était interne, réprimée, contenue. L'inspiration était à portée des doigts, Satie créait dans l'improvisation. Il ne s'épanchait pas, ne s'étalait pas, ne divaguait pas, ne s'égarait pas dans des envolées lyriques dont on ne voit pas la fin. Il agrémentait ses partitions de conseils judicieux, calés entre les notes. « C'est un secret entre l'interprète et moi », précisait-il et il interdisait formellement que ces indications subtiles, malicieuses, soient communiquées à d'autres. Parmi celles, innombrables, à suivre à la lettre, en voici quelques-unes fort éclairantes.

1) *Du bout des dents du fond.*
2) *En élargissant la tête.*
3) *Montez sur vos doigts.*
4) *Ne suez pas.*
5) *Pâlissez.*
6) *Riez sans qu'on le sache.*
7) *Continuez sans perdre connaissance.*
8) *Ne changez pas de physionomie.*
9) *Tremblez comme une feuille.*
10) *Retirez votre main et mettez-la dans votre poche.*

Très laconiques mais tout aussi parlantes. « Très blanc », « Très perdu », ou péremptoires, « Seul pendant un instant ». Elles prévenaient aussi l'accueil d'un possible public : « Encore plus barbant si possible », un brin sibyllines : « Évitez toute exaltation sacrilège », ou plus catégoriques envers les solistes inspirés, secouant leur blonde crinière ondulée, qui levaient haut les mains, les poignets tortillants, les doigts frétillants après avoir martelé les touches :

« Ignorer sa propre présence. »

Quel souci d'abandon, d'abnégation. Ah, si l'écrivain suivait d'aussi profitables directives lorsqu'il se lance dans la rédaction d'une phrase, d'un paragraphe ou d'un chapitre ! Satie ne radotait pas, ne se répétait pas, et n'était pas bavard comme ces compositeurs qui s'élancent dans d'éperdues envolées et ne s'arrêtent plus. Halte-là ! Il prônait les temps courts dont il restreignait la mesure en précurseur, inventeur et horloger. Il avait un chronomètre dans le ventre et la tête, dans les oreilles et les yeux. Georges Braque relate qu'en consultant la montre que Satie venait d'acheter, il s'était écrié : « Il s'est fait tard ! J'ai à peine le temps d'aller m'en acheter une autre. »

Troisième partie

CHAPITRE 11

La vie de Satie allait prendre un tour nouveau avec le projet de *Parade*. L'idée était venue, quatre ans plus tôt, lors de la première du *Sacre du printemps*, à Jean Cocteau, le ventriloque des statues, qui n'avait que vingt-six ans, moitié moins que Satie, qui taillait sa barbichette dans son cabinet de toilette car lui-même n'en avait pas. À quoi servent sinon les poètes ? Cocteau avait en tête les *Trois morceaux en forme de poire* en s'adressant à Satie pour qu'il compose la musique d'un ballet en 1 acte, dansé par les Ballets russes de Serge de Diaghilev, mis en scène par Léonide Massine, chorégraphe, premier danseur et son amant, le livret étant de lui, le décor et les costumes de Picasso, qui avait trente-cinq ans. C'était l'artiste le plus célèbre de l'époque. Cubisme et futurisme s'alliaient dans un spectacle audacieux, radicalement moderne, où la musique mariait l'originalité, l'audace et la provocation. Satie était heureux et fier comme un Écossais.

C'était la première fois (de veau) qu'on lui confiait une responsabilité. Il aimait vraiment le sujet, qui l'emballait (comme l'étaient ses parapluies), et l'avait dit sans ambages à Cocteau.

— C'est épatant, mon cher Jean.
— Vraiment ?
— Oui, très épatant.
— Et Picasso ?
— Picasso est épatant, j'en rote !

Esprit toujours en quête de nouveauté, liant la peinture, la musique et la chorégraphie, Diaghilev, qui avait collaboré avec Stravinsky, Ravel et Debussy, était ravi à l'idée de réunir Picasso, le provocateur, et Satie, l'incompris, qui n'avaient jamais travaillé pour le théâtre et ne lui portaient pas d'intérêt. Il se trouvait toujours au bon endroit, vivait à Rome avec sa compagnie des Ballets russes, mais détestait voyager et lui avait demandé sans détour :

— Connaissez-vous Rome ?
— De nom, rien que de nom, avait-il répondu.

Il détestait lui aussi voyager, abhorrait le changement et avait refusé de partir en Italie. Il n'irait pas à Rome, à Venise, à Naples, à Milan, à Florence ou à Sienne, ni à Pise pour voir la fameuse tour penchée.

— Ah, oui, elle penche.
— Mais d'un seul côté.
— Quel dommage !

Cela ne le gênait pas le moins du monde, il ne prenait jamais de vacances, n'aimait pas être dépaysé, se perdre à l'étranger, et préférait rester chaque été seul à Paris ou à Arcueil, en s'imaginant à Rome.

Il y serait sans y être,
il y serait sans être parti.

Satie voyageait dans le rêve comme il oscillait entre le présent, le passé et l'avenir. Il n'avait pas besoin d'assister aux répétitions. Un spectacle est un mirage, une illusion qui n'existe que par la force de l'imagination et de la création. Picasso comme Satie avait horreur des voyages et il avait, au printemps 1917, à Rome, fait connaissance avec Diaghilev, qui l'amusait avec son minuscule chapeau, ses cheveux teints, noir de jais, ourlés d'une mèche blanche comme une chiure de pigeon, son nez en pied de marmite, sa fine moustache pareille à une queue de souris, son sourire de crocodile, ses dents gâtées, sa face de bouledogue, son physique imposant drapé dans une pelisse à col d'opossum, bouclée à l'aide d'épingles anglaises, qui lui valaient le surnom de « Chinchilla ».

Picasso aimait ce qui était russe (roulette, œufs, montagnes, poupées) et la Russie le fascinait tant qu'il était descendu à l'Hôtel de Russie, sur la *Piazza del Popolo*, et non sur la *Piazza di Spagna*, dans le cœur historique de la ville, ce qui l'aurait rapproché de chez lui. C'est à Rome qu'il avait rencontré Olga Khokhlova (deux k), même prénom que la sœur cadette de Satie, qu'il allait épouser en 1918. C'était une petite ballerine qui effectuait son premier séjour hors de Russie. Picasso en était tombé amoureux dès la première répétition. Il ne signait pas seulement le décor et les costumes, faits de cylindres, de cubes et de cônes, ce qui vouait les personnages parés d'attributs mécanistes, modernistes, futuristes et kubistes (avec un k) à se mouvoir pesamment, mais aussi l'immense rideau de scène bariolé.

Quel défi à relever! Satie avait quarante-sept ans lors de la création du *Sacre*. Avec *Parade*, on allait voir ce qu'on allait voir et on allait entendre ce que l'on n'avait jamais entendu. À l'inverse de ce qui se jouait avant et qui n'avait pas de place dans la partition des grands maîtres et sur les scènes d'opéras, il voulait faire entendre les sons de tous les jours, les bruits du monde qui l'entouraient. On le surnommait « Crin-Crin » dans son enfance, à cause de son goût pour les onomatopées (coucou, ronron), et il avait envie de faire entrer dans la langue conventionnelle du ballet ce qu'il appelait la « prose du monde », le vacarme de la rue, des choses triviales qui étaient à tout le monde et que chacun comprenait, sans rien entendre à la musique, gling, ding ding, dring, pouet-pouet, pouin-pouin, pimpon, pimpon.

Tsoin-tsoin !

Comme à l'accoutumée, il avait composé la musique au café-tabac de la place Denfert-Rochereau, où il se pourvoyait en crapulos et avait promis de livrer la partition le 1er avril. Ce n'était pas une blague. Il prenait l'affaire au sérieux et n'ignorait pas les raisons pour lesquelles Cocteau, snobissime et mondain, toujours soucieux qu'on parle de lui, s'était adressé à lui. Stravinsky, à qui il l'avait proposée, avait décliné la commande, jugeant insuffisant le cachet avancé. Satie ne roulait pas sur l'or et l'avait d'abord refusé. Il jugeait, lui, inconvenant d'accepter un cachet si élevé ! Et il avait donné son accord, en chantonnant « Je te tiens par la barbichette ». Il savait que « Stra-Stra » le tenait pour un gnome barbichu qui musicotait dans son coin (perdu), loin de ses rivaux Ravel et Debussy. Mais il était sûr de ses mérites et du rôle qu'il jouait dans la musique française.

Picasso rejetait l'art académique et connaissait la musique de Satie, qu'on lui avait décrit comme le champion du conformisme ironique, célèbre pour son parapluie qui ne le quittait jamais. Ils étaient très différents l'un de l'autre, mais s'étaient entendus dès le départ comme larrons en foire. Ce qui exaspérait Cocteau, très possessif, qui craignait d'être dépossédé de son projet. La petitesse de leur taille les rapprochait. Picasso, court sur pattes, trapu comme un taureau, mesurait 1 mètre 63 et Satie 1 mètre 67, 4 centimètres de plus. Mais ils étaient aussi grands l'un que l'autre par le talent qui s'exerçait dans des domaines multiples. Leur réputation controversée les unissait. L'un était perçu comme un « fumiste », un charlatan, un charlot, l'autre comme un escroc, un imposteur. Sans souci du qu'en-dira-t-on qui le laissait de marbre (de Carrare), Picasso élaborait les costumes (carton, toile, métal, papier mâché) de 3 mètres de haut et le rideau de scène démesuré, où figuraient un immense cheval blanc doté d'ailes (Pégase) monté par une écuyère ailée elle aussi, un singe perché sur une échelle (de Jacob) dans un nuage, une grosse boule bleue aussi ronde que la Terre, un saltimbanque en tenue d'Arlequin, un Pierrot (gourmand) et un picador guitariste sur fond de ruines (romaines) dans un bouquet de verdure, qui donnaient corps à son credo et mettaient en rage les médiocres et les jaloux : « Tout ce qui peut être imaginé est réel. »

Pour Picasso, avide de nouveauté, il n'y avait pas de différence entre l'art et la vie qu'il incluait dans la peinture par ses collages comme Satie l'insérait dans sa musique par l'irruption des sons de la vie quotidienne. Et aussi bien qu'il s'entendait avec Satie, il faisait bon ménage avec Diaghilev, qui se déplaçait avec une canne dont il usait pour corriger une attitude ou un mouvement chez un danseur. Il connaissait les bonnes adresses de la « Ville éternelle », s'adonnait à la *dolce vita* bien avant Fellini, courait les garçons, se gavait de *bambini* comme d'autres de *gelati* (glaces) à la fraise ou au citron, visitait les musées, le Colisée et les sites antiques avec Picasso, à la vitalité insatiable et à l'énergie tellurique, qui le comparait à un « rhinocéros rose ». Il s'était rendu à Naples en voiture, avait acheté une carte postale qui lui avait inspiré la scène mythique et populaire de son rideau sur lequel il turbinait « comme un bœuf », parcouru Herculanum et Pompéi et guigné, sous un ciel de plomb (quelle canicule !), la force cyclopéenne du Vésuve au haut duquel il avait vu « un petit nuage immobile et inquiétant ».

CHAPITRE 12

La création de *Parade* eut lieu le vendredi 18 mai 1917, au théâtre du Châtelet. La salle, pleine jusqu'au dernier strapontin, en passant par les loges, le parterre, le poulailler et le paradis où l'on ne voyait rien, était comble. Plus une place de libre comme pour *Le Sacre du printemps*. C'était l'événement à ne pas manquer. Le Tout-Paris était au Châtelet. Cendrars, qui avait assisté aux répétitions, occupait une bonne place. Debussy, aux portes de la mort, s'était excusé et n'assistait pas à la représentation. Poulenc applaudissait à tout rompre avant le début, la valeur n'attend pas le nombre des années. Auric, ou « Geo-Geo », membre du groupe des Six, était là aussi, mais sans son parapluie. Satie l'estimait beaucoup, mais le fustigeait à l'occasion. « Avoir du talent & se conduire comme un trou du cul. Malheur ! »

Jugement sans appel. Arthur Honegger, autre membre des Six, qui n'aimait pas la fantaisie de Satie et préférait la musique de chambre et la symphonie au tintamarre du cirque et du music-hall, se tenait au bout du même rang, en retrait. Camille Saint-Saëns (« Un grand chef est toujours un emmerdeur ! »), à l'oreille fine et juste, qui avait appris le piano enfant et allait quitter bruyamment le théâtre avant la fin comme à la première du *Sacre*, siégeait non loin de Breton qui exécrait toute musique, en particulier celle de Satie qui avait eu cinquante et un ans la veille. C'était sa fête, son anniversaire, son jour de gloire, son « grand soir ». Picasso, sur son trente et un, trônait dans la loge de Diaghilev, au monocle de cyclope rivé dans l'œil, fiévreux, surexcité, droit comme un i, dans un habit d'une élégance impeccable.

Le gotha parisien, le gratin, la fine fleur, le dessus du panier, retenait son souffle lorsque le rideau d'avant-scène de plus de 10 mètres de haut sur 16,50 mètres de long, pesant 45 kilos, qui éclipsait l'habituel rideau rouge, où figuraient Picasso, Massine et Cocteau, mais pas Satie, et s'inspirait de la *Commedia dell'arte* dont Picasso avait exploré le motif à Naples, s'était lentement levé sur un décor cubiste gris et blanc campant une place de Paris un jour de pluie. Ce n'était qu'un début. Les spectateurs n'avaient encore rien vu. La parade annonçant le spectacle ÉTAIT le spectacle *Parade*. Sur scène se déroulait un spectacle qui n'aurait jamais lieu. Idée géniale ! Quelle trouvaille ! On était censé voir, sur un champ de foire, des entrées fracassantes, des attractions époustouflantes, mais il n'y avait absolument rien de tout cela. Un prestidigitateur chinois, joué par Massine, exécutait son numéro. Une petite fille (fée ?) américaine, en costume marin, un nœud aussi gros qu'un œuf de Pâques sur la tête, tournicotait sur la pointe des pieds comme une toupie. Un cheval de cirque, en toile de jute grossière, animé par des figurants, effectuait un tour au galop et narguait le public béat, des silhouettes « kubistes » en carton-pâte avec des gratte-ciel de trois mètres sur le dos se mouvaient en tous sens sur la scène vide. Cela ne ressemblait à rien. Le public ne savait sur quel pied danser. Atmosphère surchauffée. La salle, en ébullition, n'en croyait pas ses yeux. Qu'est-ce que ça voulait dire ? Était-ce cela, le grandiose spectacle d'avant-garde annoncé, mariant le cirque, le music-hall et la « grande musique » dans une ambiance de fête foraine ? Rien n'avait lieu comme prévu. Tout évoluait à l'envers. Il fallait s'attendre à tout avec Satie, on n'était pas déçu. À la fois flonflon de foire et vacarme de fanfare, sa musique bariolée de morceaux accolés, sans liaison ni transition, criblée de « flaques sonores » (souvenirs d'Honfleur et du ciel de Normandie ?), de brusques ruptures, d'arrêts et de blancs inattendus, était à la fois très enlevée et répétitive avant l'heure. Sa partition, conduite par le chef d'orchestre suisse Ernest Ansermet, qui avait dirigé Bartók, Debussy, Ravel et Stravinsky, déroutait le public qui en était pour ses frais. On était loin des *Gymnopédies* et des *Gnossiennes*, où les notes justes s'égouttaient avec parcimonie. L'auditoire n'en croyait pas ses oreilles. Tout était neuf. Les machines à écrire *Underwood*, casées dans la fosse, exigées par Cocteau, le baladin du rêve, tiquetaient si fort qu'on n'écoutait plus que le cliquetis des doigts tapotant sur les touches bruyantes du clavier. Et il y avait aussi des crécelles, deux sirènes (une aiguë, une grave), un « bouteillophone » (des bouteilles de verre enchâssées l'une dans l'autre, recelant divers liquides et produisant des sons inédits). Sortis du magasin d'accessoires du Châtelet où étaient stockés les effets prévus pour sonoriser les films muets, ces objets pratiques émettaient des bruits de toutes sortes et s'imposaient à l'orchestre qui les incluait tant bien que mal, les jugeant indignes d'être joués, et Satie lui-même avait dû les accepter en espérant que l'on ne prenne pas sa musique comme un fond pour ce potin. Des voix d'aéroplanes, d'appareils Morse avaient été virées au dernier moment, mais tout à coup, sans qu'on s'y attende, résonnait l'éclat du tonnerre, boum !, claquaient des coups de pistolets, pif paf!, des claquettes que calquait un claquoir, des vocalises et des onomatopées, la pluie, puis à nouveau l'éclat du tonnerre, boum boum !, l'écho d'un incendie, la stridence des alarmes, le ouh-ouh ! d'une sirène de pompiers, le rr-rrrr ! d'une batterie, le ron-ron ! d'une dynamo de ville, le hurlement de deux autres sirènes (une usine, un paquebot), le grincement agaçant d'une roue de loterie, machinerie du destin (qui perd, gagne), des cornes de brume, un moulin à café, rrrrout !, et toujours en fond sonore, le tac-tac-tac ! d'une machine à écrire en AZERTY, qui couvrait la prosodie onirico-poétique de Cocteau, que méprisait Breton et dont Picasso disait : « Il est né repassé. » Qui dit mieux ? Ainsi, le tic-tac-toc ! ou toc-toc-tac ! rythmiquement cadencé des machines à écrire prévenait-il le rythme syncopé du *Poème symphonique pour 100 métronomes* de Ligeti, lancés en même temps, qui oscillaient pendant près de vingt minutes selon des durées différentes. Était-ce le mécanisme de la mémoire ? Satie avait le talent du contretemps. Il était de son temps, son époque était en retard. Opposée aux brumes et brouillards debussystes propagés par touches diluées, sa musique opérait avec une précision mécanique dont il avait toujours rêvé. Quelle revanche ! Quel boucan ! Quel tapage ! Quelle cacophonie ! Quel charivari ! Le voilà, le tintamarre du monde. C'était un nouvel *Hernani* ! Crispée par cette pochade farcesque et tintamarresque, désarçonnée par ce ballet sans queue ni tête (de l'emploi, sur les épaules, ou au carré, et, pour sûr, sans cervelle), l'assistance s'impatientait, l'hostilité croissait et le chahut d'abord réprimé par des soupirs, des toux, des moues et des atchoums discrets, s'amplifiait. Choquée tant par la modernité picturale, chorégraphique et musicale, et les interventions bruitistes intempestives, la salle, hors d'elle, criait au scandale. Les esprits s'échauffaient, les gens trépidaient dans les travées, les injures fusaient. En proie à un délire grandissant, le public glapissait, jappait et huait copieusement. On poussait des cris de putois. Les sonorités orchestrées émanant de la fosse où les musiciens jouaient à reculons cette partition estimée indigne d'eux, se mêlaient aux huées, sifflets, risées et pluie de quolibets des invités indignés, contrés par la claque (clac-clac) recrutée par Diaghilev, qui avait distribué à tour de bras des billets de faveur. À tout cela s'ajoutait la clique des peintres aux chandails bigarrés, munis de sifflets à roulette (triiit !), qui conspuaient le cortège des coquets, pets d'oie et pétarades de flageolets, risible canonnade alors que la guerre grondait à cent kilomètres de là (Cendrars amputé d'un bras/ Apollinaire blessé à la tempe/ Braque et Derain troupiers/ Cocteau ambulancier, en uniforme signé Paul Poiret). Déferlement du tollé du premier rang, mêlée de hurlées, clameurs, abois, insultes, gueulantes, brocards, invectives proférées à tue-tête, relayées par le poulailler, piaillant et coincoinant (coin ! coin !), couaquant (couac ! couac !), échange de coups (pif !) et de gifles (flaf !), amplifiant le raffut tumultueux de la parade foraine. Les satistes s'affrontaient aux debussystes, qui s'attaquaient aux ravélistes ou ravéliens, aux picassistes et cocteauistes. On braillait, se battait, honnissait. La salle étant pleine comme un œuf, on en lançait par poignées sur la scène (avec le jaune, cette fois). Les acteurs travestis en buildings avaient des allures d'automates. Des tomates ? Eh bien, en voilà ! On les bombardait à la volée, dans la salle jusqu'aux balcons.

Pitrerie ! Picassoterie ! Satiesotterie ! Fatrasie ! Ah, la saveur du scandale. Quel parfum ! Satie, aux anges, y goûtait enfin. Il tenait sa revanche. À bas les gourdes et les andouilles ! Sa musique, reçue jusqu'ici avec des pincettes, suscitait enfin des réactions. C'était l'Apocalypse ! On voulait lui crever les yeux avec des épingles à chapeau, le découper en lamelles avec des couteaux à poisson, le déchiqueter menu comme sa grand-mère. Satie était au comble du bonheur. Il transformait en échec le succès aussi vite qu'il survenait. L'échec rassure, le succès donne le vertige, et, en caressant sa barbichette pointue, il s'adressait à la salle en ces termes choisis :

« Siffffflez, sifflez, tant que vous voulez,
Si le cœur vous en dit.

Époumonez-vous, mais je vous le dis, moi,
Vous êtes tous des poires ! »

L'accueil était à l'opposé de celui, unanime, du *Boléro* de Ravel, à sa création le 22 novembre 1928, à l'Opéra Garnier, onze ans plus tard. Satie passait un mauvais quart d'heure, a contrario du « tube » de Ravel (2 longues mélodies, reprises 18 fois) qui connaîtra un succès immédiat et qu'on jouera ensuite dans le monde une fois tous les quarts d'heure. C'était plus que la longueur de *Parade*, d'une durée d'environ 14 minutes. Ce n'était pas long, mais suffisant.

*

Au tapage de la gente bien-pensante qui continuait de plus belle, s'ajoutait la fureur des critiques sérieux, déchaînés, ulcérés, exulcérés, accroissant le tumulte général de ce « fourbi paradeux ». Il n'y avait pas de mot assez fort pour qualifier cette « foiropédie » ou, pire, cette « foiradopédie », agacerie, duperie, supercherie. Le scandale de *Parade* était au moins égal au « succès de scandale » ou, mieux, « triomphe-scandale » du *Sacre du printemps*, préambule à la Première Guerre mondiale.

Heureux temps !

On traitait Picasso de « barbouilleur géométrique » et Satie de « musicien bruitiste » ou de « demi-raté », compositeur cacophoniste d'irritantes « satieries ». La critique s'était déchaînée. Le plus vil détracteur était Jean Poueigh (de son vrai nom Octave Géraud), à ne pas confondre avec Georges Pioch, critique musical et théâtral, ou le violoncelliste Georges Pitsh, professeur au conservatoire de

Bruxelles, musicologue folkloriste et compositeur, et critique pour *Les Carnets de la Semaine*. C'était un petit homme chauve à moustache, au nez vulturin, mélomane froussard, bardé de mauvaise graisse, qui ne payait pas de mine (ce sont souvent les plus dangereux). Il était assis au premier rang, avait félicité chaleureusement Satie à la fin du spectacle, et l'avait descendu en flammes la semaine suivante. Cet éreintement malveillant dénonçait le « mauvais goût du ballet », mais Poueigh, surtout, et c'était le plus grave, n'avait pas dit un mot de la partition. Lisant son article qui le traitait de « compositeur de machines à écrire et crécelles », Satie, furibond, s'était levé d'un bond et avait pris la mouche (du coche).

Quel salaud ! Quelle enclume ! Quel veau !

Trempant sa plume acide dans son encre la plus noire, il avait écrit au pseudo-critique qu'il appelait « Monsieur Jean-Foutre Poueigh, célèbre gourde et compositeur des Andouilles », le 30 mai 1917, un mot d'insulte virulent où il qualifiait de « cul sans musique », son expression favorite, ce journaleux médisant. Là ne s'arrêtait pas sa cocasse litanie dont voici quelques extraits. « Monsieur et cher ami, vous n'êtes qu'un cul, pire, un cul sans musique. » Ailleurs, il notait qu'il n'était rien qu'un « trou de cul » et un « trou de cul qui n'est pas musicien ». Il le traitait aussi de « vilain cul » qu'il emmerdait à tour de bras, jusqu'au poignet, si bien que Poueigh, qui n'était pas poète pour un sou, avait porté plainte pour diffamation et injures publiques, arguant que Satie avait prodigué ces insultes sur des cartes postales glissées dans des enveloppes lisibles par n'importe quel concierge. Attaqué en diffamation, il avait été condamné à 8 jours de prison ferme, SANS sursis, pour injures au bobardier malfaisant, qui n'avait pas hésité, sous un nom d'emprunt, à consacrer dans son opus *Musiciens français d'aujourd'hui* un chapitre hautement flatteur à... Jean Poueigh. Quel culot ! Quel croupion ! Quel cul sec ! Quel faux-cul !

Pauvre Satie !

Du placard à la geôle, c'en était trop. Et comme ce n'était pas assez, on lui avait infligé une lourde sanction, beaucoup trop élevée pour une bourse aussi plate que la sienne, et il était en plus astreint à régler des dommages et intérêts. Il avait finalement obtenu la suspension de sa peine de prison ferme à condition qu'il fasse amende honorable et preuve de bonne conduite pendant cinq ans. Tiendrait-il jusque-là ? Le verdict avait été rendu le 15 mars 1918. Par chance, de chers amis, il en avait, s'étaient concertés et avaient réglé les mille francs d'amende.

CHAPITRE 13

Satie n'avait jamais vu Picabia. Il était de petite taille, mais n'était pas aussi minuscule qu'on le disait. Il portait des souliers à talonnettes, était robuste, avec une abondante chevelure qu'il ne coiffait pas plus qu'il ne peignait ses idées. Prince de la subversion et de la vitesse, c'était l'anti-Cocteau, qui le détestait. « J'en ai assez d'être battu, je l'imite. » Breton l'admirait faute de faire autrement. Adepte des pirouettes, faussement désinvolte, il était versatile, prompt à tourner bride ou casaque, ne se figeait dans aucun style et se proclamait « anti-arriviste, par excellence ». Il peignait des centaines de toiles originales et connaissait un succès grandissant. La rupture étayait sa réussite et sa fortune. Virevoltant et remuant, Picabia recréait le monde des formes selon son désir et son invention sans limites. Ses activités débordantes suscitaient un tollé formidable et il réagissait avec les mêmes mots que Satie, plus âgé que lui de treize ans : « Sifflez, criez. Cassez-moi la gueule, et puis, et puis ? Je vous dirai encore que vous êtes des poires. »

On n'imagine pas deux individus plus différents. Picabia était un séducteur. Il additionnait ses conquêtes qu'il ne s'interdisait pas de séduire et collectionnait les voitures (il en avait 42) comme Derain les Bugatti. « La seule façon d'être suivi est de courir plus vite que les autres. » As des dérapages, tête-à-queue et carambolages, des sauts dans l'inconnu comme Suzanne Valadon, hop, il retombait sur ses pattes, bombait le torse, fonçait à toute vitesse, sans savoir où il allait, sans ralentir ni se retourner, en accélérant autant que possible, quitte à bousiller l'embrayage. Satie, qui ne conduisait pas et empruntait toujours le même chemin pour gagner Paris ou rentrer chez lui, à Arcueil, d'une démarche ébrieuse, avait d'autant plus de mal à le suivre que Picabia disait qu'il ne fallait suivre aucun chemin car après le bout du chemin, il n'y avait plus de chemin. Aussi réfléchi et déterminé que Satie, Picabia, miné par la peur de se tromper, menait une vie mondaine très active. Il était assez riche pour vivre à son gré, selon sa fantaisie et ses envies pressantes au contraire de Satie qui était fauché (comme les blés) et avait tout le temps besoin d'argent.

En 1917, il avait peint *Parade amoureuse*, qui représentait, sur un mode mécaniste, l'accouplement de deux machines. Le titre de la toile était en contradiction avec le sujet présenté. Peu importe. Picabia avançait que pour garder les idées pures, il fallait en changer comme de chemises. Il avait trente-huit ans. Ses cheveux avaient blanchi mais il était d'une éternelle jeunesse. Satie et lui ne se ressemblaient pas, mais ils avaient une nuée de points communs. Ils s'éloignaient l'un de l'autre dans l'expression de leur art, mais se touchaient par les extrêmes. L'un était aussi agaçant que l'autre était insaisissable, et l'on disait des deux qu'ils étaient inclassables. Comme Picabia, Satie se tenait en marge de la célébrité et savait qu'il était plus clairvoyant que les autres. Ni l'un ni l'autre n'adhéraient aux formules communes et tous deux retiraient les étiquettes dès qu'on leur en collait une. Picabia ne prenait pas de gants avec ses nombreux ennemis, mais disait de Satie, qui en portait de filoselle : « La postérité enfilera sa musique comme un gant. »

Picabia appelait Satie « Erick Satye », il l'avait baptisé « Satierik » quand il l'avait rencontré en 1917, alors que sa vie s'assombrissait et que sa santé déclinait. Satie s'était tout de suite entendu avec lui aussi bien qu'avec Picasso qui était pourtant son concurrent, son grand rival dans la création avec Matisse et Braque. Chacun était doté d'une infatigable et débordante imagination. Picabia, tout jeune, avait vécu dans la maison de « quatre sans femmes » comme Satie vivait depuis vingt ans dans la maison des Quatre cheminées. Ils évoluaient chacun en dehors des règles établies et exploraient avec la même intensité de nouvelles voies et des formes modernes. Ils avaient eu le temps de devenir de vieux amis durant les répétitions de *Relâche*, « ballet instantanéiste », en 2 actes, né de l'imagination de Picabia qui le définissait ainsi. « C'est l'optimisme des gens heureux. » Satie se méfiait de l'amitié comme de la peste, Picabia n'y croyait pas plus que Picasso dont Satie se croyait l'ami, mais Picabia l'avait repris et mis en garde en affirmant que personne au monde n'était ami de Picasso.

— Pourquoi ? s'était enquis Satie.
— Pour une raison simple.
— Laquelle ? avait-il insisté.
— Picasso n'a pas d'ami.

Picabia n'en faisait pas un drame et il précisait en citant Satie : « Oui, parfois, je fais de la musique, elle me distrait de la musique des autres. » Et il ajoutait, sans forfanterie : « Ce que j'aime le moins chez les autres, c'est moi. » Le titre *Relâche* n'était pas le fruit du hasard. Il avait été choisi, selon Satie, « pour que l'on soit assuré de le voir affiché sur la devanture des théâtres au moins une fois par semaine, et pendant la période des vacances, dans tous les théâtres à la fois ». L'argument du ballet tenait en quelques notes griffonnées à la hâte par Picabia sur une feuille de papier à en-tête de chez *Maxim's*, restaurant huppé, à deux pas de la Madeleine, devant lequel Satie était souvent passé, mais où il n'avait jamais osé entrer.

Picabia rallongerait sa durée si cela s'avérait trop bref. C'était un « ballet obscène » et il avait dérogé à ses habitudes en se servant – exceptionnellement – d'un de ses deux pianos et non assis dans un café de la place Denfert-Rochereau, d'où le mot adressé à Picabia, le 3 janvier 1921. « J'aimerais jouer avec un piano qui aurait une grosse queue. » Ce n'était pas une grosse et plate plaisanterie et il se louait d'avoir composé une « musique pornographique » puisqu'il avait glissé dans la partition des refrains de chansons grivoises ou paillardes, aux paroles égrillardes.

*

La première de *Relâche* devait être donnée le jeudi 27 novembre 1924, au Théâtre des Champs-Élysées, et elle était annoncée en ces termes : « Apportez vos lunettes noires et de quoi vous boucher les oreilles », et on était aussi prié de manifester et surtout de crier :

— À bas Satie !
— À bas Picabia !

Mais rien ne s'était passé comme prévu. Tout était annulé. Les ouvreurs attendaient impatiemment le public sur le trottoir et conviaient les invités, en habits de soirée, à rentrer chez eux. Le chorégraphe des Ballets suédois, concurrents des Ballets russes de Diaghilev, Jean Börlin, le « dandy dansant », malade comme une bête, gisait au fond de son lit. Cela commençait bien. *Relâche* faisait relâche dès le premier soir, avant même d'avoir débuté. Le titre du spectacle était à prendre à la lettre. Mais ce n'était que partie remise. La deuxième « première », ajournée, avait eu lieu quelques jours plus tard, un autre jeudi, le 4 décembre, à 20 heures précises.

— C'est la bonne, cette fois ?

— Oui, c'est reparti !

Ce n'était pas un ballet, mais un anti-ballet, prévenait Picabia qui abordait pour la première fois le théâtre comme Picasso avec *Parade*, dont Satie gardait un souvenir mitigé. La salle était plongée dans l'obscurité. Le rideau de scène conçu par Picabia s'ouvrait sur un écran. Lors d'un préambule d'environ 90 secondes, Satie avec barbiche, lorgnons, chapeau melon et parapluie sous le bras, descendait du ciel au ralenti en même temps que Picabia, en chemise blanche avec une lavallière, cheveux au vent, et un léger embonpoint. Ils chargeaient un gros canon pointé vers la salle et bombardaient

Paris. Ils se saluaient poliment, sautillaient comme sur un trampoline de chaque côté de l'écran, Satie à califourchon sur son parapluie qu'il ne quittait jamais. Court dialogue silencieux. De quoi donc parlaient-ils ? Après avoir placé l'obus dans le fût de la bombarde, ils s'évanouissaient dans les airs comme ils étaient venus, en bondissant en arrière. Au fond de la scène, 370 phares d'automobiles, formant une muraille de lumière d'une insupportable intensité, aveuglaient les spectateurs collés sur leur siège par la violence des réflecteurs.

Les trois coups ainsi frappés, le spectacle débutait. C'était une suite de saynètes, sans logique. Un pompier fumait contre un mur, une dame élégante en robe de lamé poussait une brouette, une danseuse, siégeant au premier rang, montait sur les planches et se déshabillait avec grâce, puis disparaissait, « emportée dans les cintres ». La salle, bondée, s'agitait. Rires gênés, chuchotis, mines contrites. Musique assourdissante qui cassait les oreilles, actions au ralenti, jeu parodique, en dépit du bon sens !

Au milieu de la représentation, on projetait le film *Entr'acte* tourné en juin 1924 par René Clair (vingt-six ans), qui avait réalisé son premier film *Paris qui dort*, en 1923. Encore une première. L'*Entr'acte* d'un spectacle qui faisait *Relâche*. C'était un court-métrage sans paroles de 22 minutes, en noir et blanc, d'après un scénario de Picabia. Plan général de la place de la Concorde. Duchamp et Man Ray, bons amis de Picabia, installés sur le toit du théâtre, jouaient aux échecs (Satie en avait tant connu). Suite de plans rapides sans lien apparent. Superpositions, transparences, surimpressions, images floues, vues abstraites de plantes, du ciel, de feuillages et de toits de Paris ou des Champs-Élysées, des ballons à têtes humaines explosaient comme des poupées, Picabia, avec un tuyau d'arrosage, aspergeait une ballerine en tutu, avec une barbe et des lunettes, exécutant des entrechats (dans la gorge), un cow-boy tirait à la carabine dans un stand de foire, musique stridente, saccadée, entêtante, entraînante à l'extrême, aux motifs répétitifs, typiques de l'avant-gardisme de Satie, course-poursuite en accéléré comme dans les films burlesques américains, convoi funéraire d'hommes, en chapeaux hauts de forme, avec des cannes, parmi lesquels Georges Auric et Darius Milhaud, qui enterrait-on ? Satie lui-même ? ses pensées ? son passé ? sa vie de garçon ? images à fond de train, poursuite infernale, folle cavalcade, couronnes mortuaires, guirlandes de fleurs, un cul-de-jatte, dans une caisse à roulettes, prenait ses jambes à son cou, un dromadaire, à la morphologie inadaptée pour la ville, prenait la fuite en halant un corbillard, qui déboulait dans une avenue en pente, avec un cercueil d'où surgissait un magicien qui faisait tout disparaître d'un coup de baguette magique avant de s'éclipser à son tour, rembobiné en marche arrière, dans la toile de l'écran qu'il avait déchirée en passant au travers avant que ne s'écrive le mot

FIN

C'était le clou du spectacle. Le film faisait partie du ballet, mais on le projetait aussi en continu, de manière autonome. C'est vers 1934 que fut adoptée la graphie « entracte », sans apostrophe au milieu. Sitôt la fin de la projection apparaissait sur le rideau l'inscription : « VIVE *RELÂCHE* » ainsi que « ÉRIK SATIE EST LE PLUS GRAND MUSICIEN DU MONDE ; quiconque est en désaccord avec cette notion est prié de quitter la salle ». Personne n'applaudissait. Toutes les règles du spectacle étaient abolies. Huées, sifflets, chahut. Une tornade. Un ouragan. Satie et Picabia jubilaient. Les spectateurs, debout, criaient « Remboursez ! ». La critique, déchaînée une fois de plus, traitait *Relâche* de « bastringue à l'état pur ». Picabia voulait créer le scandale, il avait réussi son coup. Il avait révolutionné l'art du spectacle en compagnie de Satie qui, dès 1924, écrivait une version pour piano seul intitulée *Cinéma*, d'une durée de 9'55", d'une modernité stupéfiante. Il s'intéressait vraiment au 7e Art, à la musique de film avant tout le monde. Et, consciencieux à l'extrême, il avait composé chaque séquence d'*Entr'acte*, à la seconde près, en calquant les notes sur la durée des images et non sur le son. Ce qui était incompris maintenant serait célébré un siècle plus tard. Il avait quarante-trois ans bien sonnés, ou plutôt cinquante-huit, mais il en faisait davantage et ne vivrait plus longtemps. C'était un an avant sa mort. La vie filait comme l'éclair, à l'anglaise, comme un trait, du mauvais coton ou un bas décousu.

Quatrième partie

CHAPITRE 14

Après la seconde première de *Relâche*, Satie était tombé malade. Suivi de loin après la représentation par de jeunes admirateurs, qui l'escortaient et veillaient à l'avancée de son retour, il rentrait chez lui à pied comme toujours. Puis, un jour, il n'était pas rentré ni reparti. Plus de retour à Arcueil au cours duquel il composait sa musique en battant la mesure avec son parapluie. Il avait assez marché. C'était trop fatigant. Ça n'allait plus. Il avait le souffle court, les jambes en flanelle, le cœur ridé. Il ne supportait plus la misère ni la solitude, sa fidèle compagne. Sa seule source de revenus, les cours de piano, s'était tarie. Autrefois, il implorait qu'on lui envoie un peu d'argent, « la moindre obole ferait mon affaire ». Il suppliait qu'on lui trouve un emploi, si modeste soit-il, mais on ne lui proposait rien. Personne ne songeait à lui. Il était très malheureux. Sa vie de mendigot lui répugnait et, lorsqu'il était déprimé, ce qui arrivait de plus en plus souvent, il maugréait : « C'est un métier de "con" – si j'ose dire, que celui d'artiste. » Il n'en pensait pas un mot, bien sûr, et croyait qu'une fois remis sur pied, il aurait encore de beaux jours devant lui.

Pour se réconforter, il pensait aux succès passés, à *Parade*, dont le bilan était loin d'être négatif. La cote de Picasso s'était envolée et lui-même était content que l'on ait, pour une fois, écouté sa musique. Le raffut de la première avait assuré la réussite des Ballets russes de Diaghilev, qui poursuivait sa ronde autour du monde. Cocteau, le somnambule forain, avait tiré comme d'habitude son épingle du jeu et menait bon train sa carrière tous azimuts. Apollinaire, prophète de l'Esprit nouveau, à la tête de toutes les avant-gardes, avait signé une préface dans le programme où il saluait une œuvre « surréaliste ». Le mot était trouvé, la mode était lancée. La bataille entre « périmés » et « avancés » n'avait plus lieu d'être. Le ballet repris en 1920 dans le même théâtre, et fort apprécié par Stravinsky, connaissait un succès qui assurait sa postérité. Mais le nom de Satie ne figurait pas sur l'affiche. Cela l'avait rendu malade et il ne s'en remettait pas.

Il ne sortait plus le soir, restait tapi chez lui, il était triste comme un bonnet de nuit. Trop de pluie, trop d'ennuis. Plus de crapulos. Finis les calvas, les fines et les demis. Il ne s'habillait plus, n'avait de goût à rien. « Si vous voulez vivre longtemps, vivez vieux. » Il n'en avait pas le temps (qui court), perdait pied, la boule, sa langue et maigrissait à vue d'œil. À table, il mangeait du bout des dents, ne buvait plus que de l'eau et quand il rendait visite à Braque, à Milhaud ou Derain, il se calait près de la cheminée, son chapeau sur la tête, les paupières tombantes, le cou raidi par son faux col, tassé sur le manche de son parapluie. Plus rien n'allait. Satie pensait à son âge et se sentait d'un coup très vieux.

Sa tête n'était plus à lui. Se levant, il s'était froissé une côte, ne sentait plus ses os, son moral flanchait, il était aussi faible qu'une plume, son foie était en marmelade, il semblait *affadi*, son cœur molli, ses artères bouchées, il était vermoulu, froid aux coudes, le gosier sec, il était maigre comme un clou, sans un sou, un coucou, se couchait sur un côté, ou l'autre, il n'en avait pas plus de deux, on aurait dit un moineau écrasé, un oisillon tombé du nid, comment se mettre, et se remettre, où mettre le thermomètre ?, il avait les pieds humides, était enrhumé, atchoum, ne comptait plus les jours, se sentait abandonné, plus de musique, plus une ligne, pas une note, pas un mot, à quoi bon ?, plus rien à faire, il avait la berlue, le cerveau raboté, froid dans le dos, prenait l'eau comme un vieux rafiot, vieillissait comme s'il en pleuvait, dormait sur la pointe du nez, prenait sa vessie pour une autobus, son corps tout racorni, il souffrait d'une cirrhose hépatique comme Beethoven.

Plus de dîners en ville, Milhaud, Braque et Derain, ses bons amis, il les aurait volontiers conviés chez lui, seul à seul, séparément, pas tous ensemble.

La maison des Quatre cheminées, noire de suie, ne les aurait pas accueillis dignement. Personne ne pénétrait chez lui et son logis n'avait pas assez de place pour les recevoir. Il ne voulait pas qu'on voie où il se terrait comme un rat et qu'on touche à quoi que ce soit. Sa santé se dégradait, il n'allait pas bien du tout. N'ayant plus la force de sortir, de parcourir le trajet qui menait à Paris, il s'était posé à l'hôtel Istria, rue Campagne-Première, où il avait acheté des mouchoirs dont il n'avait point besoin, il en avait des dizaines pliés en deux (de rire) à Arcueil, mais il n'est jamais trop tard pour se moucher, il s'éteindrait sous peu comme une chandelle, pfuit !, Duchamp et Picabia avaient leurs ateliers à côté, il comptait sur eux. Puis, il avait occupé une chambre sous les toits, au Grand Hôtel, place de l'Opéra.

— J'aimerais bien y entrer.
— À l'hôtel ?
— Mais non, voyons, à l'Opéra.

Deux mois et demi après la première de *Relâche*, Satie était entré à l'hôpital Saint-Joseph, où il avait fallu le transporter. Des amis haut placés avaient entrepris les démarches et obtenu qu'il occupe la chambre n°4 du pavillon Armand. C'était une pièce simple, claire et lumineuse où cinq ou six personnes tenaient aisément debout côte à côte. Les murs teinte de lilas pâle semblaient n'être pas droits et épouser l'état défaillant du malade. L'espace élémentaire comprenait une chaise d'un jaune beurre frais, une table de bois brun, une deuxième chaise plus petite et un lit assez solide pour rendre son dernier soupir, pourvu d'une couverture rouge sang sous laquelle Satie gémissait et grelottait si fort qu'on l'entendait claquer des dents comme des castagnettes. Il y avait aussi un gros oreiller où il reposait sa tête et laissait enfin son imagination en paix.

En rentrant à Saint-Joseph, Satie savait qu'il n'en sortirait pas vivant et il pensait à ce qu'écrivait Baudelaire dans *Le Spleen de Paris*, « Cette vie est un hôpital où chaque malade est possédé du désir de changer de lit ». Toutes les chambres se valent quand il s'agit de mourir. Mais il n'était pas mécontent d'être là, il n'était plus seul, n'avait jamais été si bien entouré. Ses amis s'occupaient de lui comme cela ne lui était pas arrivé une fois dans sa vie. Picasso, chaque jour, changeait ses draps trempés. Il avait des mains en or et un cœur d'or quand il aimait vraiment les gens. Son lit était mouillé comme s'il avait plu. Mon parapluie ! Mon parapluie ! Brancusi lui portait du bouillon de poule ou des légumes cuits à l'eau, préparés par ses soins. Même s'il détestait qu'on le touche, Madeleine, l'épouse de Milhaud, qui était actrice et aussi sa cousine, le lavait, relayée par Derain, qui apportait des compresses chaudes, des tisanes (infusions, décoctions) et des gâteaux aux poires que son père, pâtissier, l'obligeait à livrer le dimanche quand il était jeune, et Braque trempait son gant de toilette dans la cuvette bleue, en émail, pour humecter ses lèvres et rafraîchir son front afin que baisse la fièvre. Olga, l'épouse de Picasso, amenait des œufs durs (sans le jaune) et des roses rouges. Satie ne perdait pas son humour et en la voyant entrer, dissimulée derrière son énorme bouquet, il s'était écrié :

— Oh non, chère Olga, c'est un peu trop tôt !

Tous étaient aux petits soins pour lui, assis à son chevet, avec un air penché, et la tête jusque par terre, tandis que son domestique de grande livrée, comme il l'avait raconté, prenait prestement sa température toutes les heures et lui en donnait une autre.

— Combien ?
— 42°.
— Et maintenant ?

— 36,2.
— Tout va bien.
— On ne peut mieux.
— Oui, de mal en pis, concluait-il, égaré dans ses pensées confuses, avec un petit sourire en coin.

Satie ne s'était jamais senti aussi bien, il avait donné ses consignes à chacun isolément. Picasso venait à sa guise, Milhaud le lundi, Braque le mercredi, Derain le vendredi. Madeleine Milhaud le samedi ou le dimanche. Fidèle à son goût des nombres, et aux règles qu'il avait fixées, Satie n'admettait aucune dérogation. L'arithmétique était un des fondements de son existence, et il avait surpris tout le monde lorsqu'il s'était déclaré heureux d'être atteint comme Courbet, mort le 31 décembre 1877, d'une cirrhose hépatique, compliquée d'une double pneumonie.

— Pourquoi « six roses » ? avait demandé Derain, pour détendre l'atmosphère.
— Parce que la vie ne l'est pas, avait répliqué Satie en riant de bon cœur.

Il ne se plaignait pas. Il était tout sourires et soupirait, tout joyeux, sur un ton très aimable.

— Je mettrai quatre mois pour m'éteindre.
— Pourquoi quatre ?
— C'est un chiffre rond.

Et il avait ajouté avec un petit rire béat :

— « Il faut être intransigeant jusqu'au bout. »

Picasso, Brancusi, Derain, Milhaud et Madeleine, Braque et Marcelle, son épouse, auxquels s'était joint Cendrars, se relayaient sans discontinuer auprès de lui pendant quatre mois, pour lui offrir, chaque jour, un repas dont il se délectait et renflouer sa maigre carcasse. Picasso, qui avait tout, était navré de voir, en cet état, Satie qui n'avait rien. Et, se redressant en sursaut, il les avait rassurés, en expliquant : « C'est important un bon lit avec des draps propres. On y passe les derniers instants de sa vie. Tout le monde meurt une fois dans son existence. » Tous échangeaient des regards contrits. Comment supprimer la mort ? Satie était content de mourir dans un lit qui n'était pas le sien qu'il avait trouvé toute sa vie trop petit et il avait confié à Milhaud, accroupi sur la plus petite chaise, à côté de la table de bois brun :

Satie : Je vais mourir. C'est bien dommage.
Milhaud : Pourquoi ?
Satie : Je ne m'ennuierai plus.
Milhaud : Alors, ne meurs pas.
Satie : Mais si, voyons. On s'ennuie partout.

Poulenc disait qu'une des qualités de la musique de Satie, c'était qu'on l'écoutait en ayant l'air de ne « s'apercevoir de rien », mais ils s'étaient brouillés et Satie avait refusé à regret sa visite. Il avait aussi rompu avec Cocteau, l'enchanteur, qui lui avait promis monts et merveilles, mais n'avait pas tenu parole. Picabia était venu au volant d'une de ses extravagantes voitures et s'était joint à eux. Picasso était content de le retrouver. Aussi connus l'un que l'autre, ils étaient les meilleurs amis et les meilleurs ennemis du monde. Ils étaient nés à deux ans de distance et avaient des racines espagnoles. On les appelait les deux « Pica » comme « picador » et « picaresque ».

Ou :

— « Picassiettes », blaguait Derain.
— « Picasse-pieds », se gaussait Braque.
— « Picasse-tête », gloussait Milhaud.
— « Picasse-cou », pouffait Cendrars.
— « Picasse-croûte », persiflait Madeleine.
— « Picasse-cul », ironisait Olga.
— « Picasserole ! », ponctuait Satie.

Sur ces entrefaites avait surgi Debussy. Il était mort, à cinquante-cinq ans, le 25 mars 1918. « La musique m'a complètement abandonné. » Satie ne s'était pas réconcilié avec lui. Mais l'auteur de *La*

Mer ou *Rêverie* et du *Prélude à l'après-midi d'un faune* avait tenu à lui rendre une dernière visite tant qu'il était temps. Il était contrarié et d'humeur chagrine. Son décès était passé inaperçu. Il avait été enseveli au Père-Lachaise dans une indifférence quasi générale, mais, un an après, on avait transporté ses restes au cimetière de Passy où il reposait comme il l'avait souhaité « parmi les arbres et les oiseaux ». Picabia l'avait consolé avec une de ses phrases piquantes dont il avait le secret. « Par discrétion, enterrez votre famille et vos amis autour des cimetières. » Debussy, chafouin, n'avait pas réagi. « J'ai le comique en horreur », grognonnait Milhaud, choqué qu'on taquine un des plus grands musiciens français du siècle, même s'il l'avait fortement combattu.

Alors que personne ne l'attendait, Alphonse Allais était à son tour entré dans la pièce bondée. Il avait succombé à une embolie pulmonaire le samedi 28 octobre 1905, à l'hôtel Britannia, 24 rue d'Amsterdam, à cinquante et un ans. Toujours aussi fringant, taquin, neurasthénique et morose, il avait tenu à être là et semblait en pleine forme. Il était né le même jour qu'Arthur Rimbaud, le 20 octobre 1854, amputé de la jambe droite, le mercredi 27 mai 1891, à l'hôpital de la Conception à Marseille, à l'âge de trente-six ans. Allais, sitôt franchi le seuil de la pièce, avait salué Satie, et, comme à son habitude, il avait plaisanté.

— Tu n'as pas tellement changé.

Satie, avec un sourire d'enfant, une étincelle dans l'œil, avait rétorqué du tac au tac.

— Non. J'ai été pauvre toute ma vie.

Tout le monde le tutoyait, à présent qu'il n'était plus chez lui, et Allais, mutin, avait fait rire l'assistance après avoir réclamé le silence. Tous les regards s'étaient tournés dans sa direction.

— Savez-vous que Marcel Duchamp est mort subitement, à quatre-vingt-un ans, d'un fou rire dans sa salle de bain en lisant une de mes histoires ?

— Oh, ça ne me surprend pas, avait lancé Picabia, dans un fou rire qui secouait ses épaules comme un cocotier ou un prunier.

— Pourquoi ?

— Il ne faut pas se prendre au sérieux.

Et Picasso avait renchéri en citant l'épitaphe gravée sur sa tombe : « D'ailleurs, c'est toujours les autres qui meurent. » Tous avaient éclaté de rire. Même Debussy, plutôt rabat-joie, les sourcils froncés, prêt à s'endormir, se tenait les côtes et se roulait par terre, plié en deux, en quatre ou en huit, en se tordant de rire comme il ne l'avait jamais fait.

Debussy : J'ai mal au cul ! J'ai mal au cul !
Satie : Que ressens-tu, Claude ?
Debussy : Tu veux que je t'explique ?

Satie : Oui, ça m'intéresse.

Debussy : Tu as déjà eu mal aux dents ?

Satie : Oui, comme tout le monde.

Debussy : Eh bien, c'est comme un abcès dentaire, mais dans l'anus. La bouche et le rectum sont deux orifices du corps. Ce qui entre d'un côté sort par l'autre. Pas de crochet, pas de détour. Aucune dérivation possible. C'est le trajet le plus court de la souffrance.

Satie : Ça doit faire très mal.

Debussy : Oui, c'est comme un mal de dents.

Satie : Ouille, ouille.

Debussy : En pire.

CHAPITRE 15

Satie avait été à contretemps de son époque, mais il était temps de remettre les montres à l'heure. Le temps passait, le temps pressait. Il était d'avant-garde à retardement et avait ouvert la voie à une foule de jeunes créateurs. Il était flatté de voir entrer dans la chambre John Cage qui n'avait pas annoncé sa venue. Il avait appris le piano à partir de huit ans et la composition, puis l'histoire de la musique, et trouvait celle de Satie aussi neuve que la sienne. Collectionneur d'instruments, captivé par la recherche du timbre et la structure musicale, il avait envisagé de devenir architecte, mais n'avait aucun sens musical. Il avait été l'élève de Schönberg, passionné de tennis, qui disait « Ma musique n'est pas moderne, elle est simplement mal jouée », et l'avait prévenu : « Vous arriverez à un mur et vous ne pourrez jamais passer à travers. » Et Cage, têtu comme une mule, avait répondu : « Alors, je passerai ma vie à me cogner la tête contre les murs. »

Il était poète et compositeur de musique expérimentale comme lui et avait présenté son premier concert à New York, au MoMA, en 1943. Assis jambes croisées, l'air concentré, en tirant une tête jusque par terre (c'était la forme naturelle de son visage), il écoutait le silence, à l'affût du moindre son, aigu ou grave, pur ou confus. Satie avait été agréablement surpris quand il l'avait entendu la première fois. L'aspect figé de la répétition, l'absence de développement lui rappelaient le rythme des *Valses lentes*, presque immobiles. Par leur lenteur, les *Gymnopédies* autant que les *Gnossiennes* avaient influencé Cage, qui travaillait très lentement. Auteur d'œuvres d'art conceptuelles dématérialisées, il imaginait des morceaux où les sons sortaient de leur « cage », ce qui mettait en joie Satie, féru de jeux de mots. Et puisqu'il était passionné par la recherche des timbres, Allais lui avait demandé s'il était philatéliste.

Cage se présentait comme un artiste sans vocation ni talent particulier, et même sans spécialisation. Il se déterminait par l'indétermination comme Satie qui reconnaissait en lui un confrère. Cage œuvrait de manière expérimentale sur un « piano préparé » dont il modifiait les sonorités, sans maltraiter l'instrument comme Satie qui avait ligaturé les cordes et ligoté les pédales. Explorant l'acoustique, il déplaçait la hauteur des notes a contrario des règles connues ainsi que l'avait fait Satie pour certains morceaux en y insérant des petits objets de bois, des bouts de papier, des débris de verre, des corps métalliques, et même des boutons ou des boulons calés entre les cordes pour faire sonner les sons autrement.

L'un comme l'autre dénaturaient ainsi le timbre et sa durée avec des choses de peu auxquelles on ne prêtait aucune attention. Il aurait aussi pu modifier l'audition à l'aide d'un brin de coton, de pinces à linge ou d'une épingle à nourrice à l'instar de Picabia qui créait des toiles étonnantes avec des pailles, des peignes et des cure-dents, ou des allumettes s'il n'avait rien d'autre sous la main.

— Mais on peut aussi y mettre des élastiques, avait ajouté Satie. Ou des dés à coudre.

— Des gommes, acquiesçait John Cage.

— Des ficelles ou des pièces de monnaie, concédait Picabia dont rien n'enrayait la créativité et qui, un jour, s'était mis à peindre au Ripolin.

— Ou des écrous, rigolait Satie, et pourquoi pas des clous, ce qui le ramenait à l'Auberge du clou, à Montmartre, lorsqu'il était « tapeur à gages », et jouait une musiquette qui ne valait pas un clou.

Celle que créait John Cage à sa suite n'avait rien à voir avec celle, si traditionnelle, de ses prédécesseurs et l'audace de son inspiration, dont personne alors ne s'était rendu compte. Il avait été le premier, à ses dépens, à inclure des bruits mécaniques et bien d'autres dans une partition d'orchestre, mais après *Parade* et *Relâche,* il s'était retrouvé tout seul. Le monde lui tournait le dos. On l'injuriait, on le traitait de tous les noms, de « canuleur » opposé aux « rasoireries » de ses confrères. Lui aussi avait l'insulte facile, mais c'était pour rire. La dureté du monde l'atterrait. Il en avait pris pour son grade et ces affronts lui restaient en travers de la gorge.

Tout cela était loin maintenant. On le reconnaissait pour ce qu'il était. Un pionnier de la musique « répétitive », « minimaliste », ou « expérimentale ». Plus heureux qu'il ne l'avait jamais été, Satie mourait entouré des artistes qu'il aimait, qui l'aimaient, et il en était fier. Il n'existait pas de bonheur plus intense. C'était la plus grande joie de sa vie. Mourir, au fond, n'est rien. Vivre non plus. En dehors de la musique, il n'avait rien vécu et il avait attendu longtemps ce moment-là. Le clavier du piano pouvait se refermer à jamais, il ne le rouvrirait pas. D'autres le joueraient sans fin, autant de fois qu'il faudrait.

C'est John Cage qui avait découvert cette mystérieuse, et douloureuse partition intitulée *Vexations*, restée inédite, qu'il avait conçue en 1893 pour Suzanne Valadon, preuve qu'il ne l'avait pas complètement effacée de sa mémoire. C'était une pièce aux proportions infimes, et infinies, à l'image du « Placard » qu'il avait longuement occupé. Tenant sur 1 page, cette (très) courte mélodie se composait d'une unique phrase musicale qu'il fallait jouer 840 fois sans arrêt, sans fin, sans relâche. Le motif ne durait qu'une ou deux minutes, mais on devait suivre les indications de Satie qui signalait que l'œuvre pouvait être interprétée aussi bien par plusieurs pianistes successifs ou par un seul : les mathématiques n'ont pas de sentiment. C'était la plus courte et plus longue pièce de piano de l'histoire et, comme à son habitude, il l'avait accompagnée de conseils précis et d'indications précieuses : « Il sera bon de se préparer au préalable, et dans le plus grand silence, par des immobilités sérieuses. » Le concert, si l'on compte bien, durait dix-huit heures et quarante minutes. Arabesque obsessionnelle, instant suspendu, perte des repères. Où était le début ? Où était la fin ? C'était exigeant, éprouvant, fascinant. Satie allongeait le temps autant que possible, celui qu'il avait vécu et celui qu'il lui restait à vivre. Le motif obsédant se répétait interminablement et ne se jouait qu'à une condition, « après que le pianiste aura fait le vide dans sa tête ». C'était une musique *durable*, infiniment cyclique, qu'il était exclu d'interrompre. Et soixante-dix ans plus tard, la première interprétation, en 1963, à New York, avait été donnée par John Cage avec dix pianistes qui se relayaient toutes les demi-heures, sans discontinuer et avait exactement la durée prévue.

— Mais ils auraient pu être neuf, cher John.
— Pourquoi neuf? avait demandé Cage.
— Parce que c'est toujours neuf!

Vexations était un marathon, il aurait pu durer 24 heures au lieu de 42 kilomètres, palindrome parfait. Chaque musicien crée ses successeurs. À la suite de Cage, des virtuoses tentaient régulièrement de lui donner corps et rythme (émotion, lenteur, scansion, cadence). Des compétitions pianistiques s'organisaient un peu partout, des interprètes se relayaient sans escale, sans pause, sans interruption, et il y avait sans arrêt de nouvelles tentatives, les derniers exécutants, comme les précédents, cédant à leur tour à la tentation. Ces moments inouïs s'ancraient dans l'histoire de la musique. Satie les emmenait avec lui dans l'au-delà. Il n'y croyait pas trop, mais pensait qu'on devait toujours aller « au-delà » de l'instant. Il ne lui en restait plus beaucoup, il fallait en profiter. Quasi anesthésiante, frisant l'aperception, la dissolution complète du son, l'absorption totale dans le vide et l'absence par le ressassement repris à l'infini, *Vexations*, joué avec une concentration extrême, se développait jusqu'à la lisière du silence.

Assis à droite de Picabia, excité comme une puce, qui ne tenait pas en place, Cage, comme s'il était dans une chambre insonore, se demandait :

— Quand le silence cesse-t-il ?
— Tu le sais, John ? avait répliqué Satie, souple comme un gant, qui s'adressait à chacun.
— Oui, quand on ne l'entend plus, avait répondu Cage et, en se penchant jusqu'à pénétrer dans son crâne, il lui avait chuchoté à l'oreille :
— « Jusqu'à ma mort, il y aura toujours du bruit et il continuera à me suivre même après. »

Ce n'était pas si différent des dernières paroles de Bach, le 28 juillet 1750, à Leipzig, affaibli par des opérations (ratées) de la cataracte, victime d'une attaque d'apoplexie, qui avait murmuré dans son agonie : « Je vais enfin entendre la vraie musique. »

Satie, en clignant de l'œil, avait approuvé. Il savait qu'il était impossible de trouver le silence à n'importe quel moment de la vie, et de la mort. L'activité du silence ne cessait jamais. Il n'y avait pas de réelle distinction entre le début et sa fin, la naissance du bruit et l'extinction du son qui était une forme de silence. Un silence bruyant ou un bruit silencieux à l'extrême, quelle était la différence ? Pour Cage comme pour Satie, chaque note de silence comptait. Le silence pour Cage était une

VRAIE note et pour Satie aussi. Les indications délicates qui scandaient ses partitions servaient à l'écouter.

*

4'33" une (non) composition, était l'œuvre la plus célèbre de John Cage. Les « morceaux de silence » qui la composaient étaient décrits comme « quatre minutes trente-trois secondes de silence ». Ils étaient structurés en 3 mouvements, à respecter à la seconde près par l'interprète au piano qui observait un silence absolu pendant son exécution. Cela plaisait à Stravinsky, même si Cage et lui avaient des personnalités musicales tout à fait distinctes. *Silenzio !* Le pianiste en queue-de-pie comme pour un concert classique, entrait, saluait et s'installait sur le tabouret réglé à sa hauteur. Il prenait son temps, la salle ne bronchait pas. Personne n'éternuait. Nulle toux. Pas un chuchotis. On entendait voler une mouche. Quelle sonorité ! Porté par la compréhension de l'œuvre, le soliste, en état de grâce, entamait le morceau (de choix). Quelle émotion ! Il signalait le début de chacune des 3 parties en ouvrant la partition et le couvercle du clavier comme on le fait à chaque fois, et, à la fin, en fermant la partition et le couvercle, sans qu'il claque ni cogne le dessous du clavier. Fin du récital. Applaudissements polis. Le soliste saluait. Les gens sortaient, les uns ravis, les autres furieux.

Était-ce encore de la musique ? Ni Cage ni Satie n'en doutaient. D'après lui, tout ce qu'on entendait autour de soi était du bruit et Cage concevait de la musique à partir du bruit que l'on n'entendait pas. C'est ce que créait aussi Satie dans ses morceaux où il laissait la musique dans un blanc, un blanc sur blanc, tout blanc, plus blanc que blanc, aussi blanc que les *White Paintings* (toiles blanches) de Robert Rauschenberg qui avait connu John Cage à la fin des années 1840. Elles semblaient vides et changeaient de ton (terme musical) en fonction de la pièce où on les exposait ou du nombre de personnes qui les regardaient. Et ce sont ces tableaux blancs qui avaient incité John Cage à composer *4'33*".

De même, Cage se sentait en harmonie avec Satie lorsqu'il avait conçu, en 1917, la *Musique d'ameublement*, qui était à entendre et non pas à écouter. C'était un concept neuf dont il était le précurseur, mais elle était bien d'autres choses. La *Musique d'ameublement* favorisait la communion, elle avait le même rôle que la lumière et la chaleur, servait tous les jours et en tous lieux, était utile comme un lavabo, un presse-purée ou une chasse d'eau, remplaçait la valse, la polka, le tango, elle n'avait pas de prénom, servait dans les assemblées, les réunions, était aussi servile qu'un employé de maison, ignorait le bonheur, la violence et l'injustice, remplaçait le sommeil, elle rendait les gens heureux, était aussi sèche que froide, se levait le matin et se couchait le soir, était sans profondeur et sans odeur, s'écoulait en surface, elle était foncièrement industrielle, sans originalité et ne donnait aucune émotion, elle était désagréable à jouer, prioritairement technique, elle n'était pas faite pour plaire ou distraire, était utilitaire comme l'eau, le gaz ou l'électricité (que Satie n'avait pas), servait comme l'ascenseur, le téléphone ou l'aéroplane, était faite pour être EXÉCUTÉE, elle était d'usage banal comme le papier peint, servait à meubler le silence, de fond sonore, ne se jouait pas en concert, au théâtre, en plein air ou à l'opéra, était de bonne (et de mauvaise) compagnie, elle faisait passer le temps plus vite, était immobile et pareille au mobilier qui ne change pas de place, elle se voulait égale à du Bach qui n'était pour le grand public qu'une musique de machine à coudre.

Flap ! Flap !

La *Musique d'ameublement* était légère, primesautière et angoissante, elle était dénuée de sentiments. Ce qui comptait dans la *Musique d'ameublement* n'était pas le thème, mais le motif, répété à l'envi, à satiété, à « Satie-té », en société. La *Musique d'ameublement* était presque inconnue du vivant de Satie. John Cage l'adorait et il voulait lui rendre hommage tant qu'il était là. Et, pour couper court à cette curieuse énumération, il avait déclaré, en le serrant fort dans ses bras : « Il ne s'agit pas de savoir si Satie est valable. Il est INDISPENSABLE ! »

CHAPITRE 16

Derain, Braque et Marcelle, Picasso et Olga, Picabia, Allais, Milhaud et Madeleine, Debussy, Cage, Cendrars et Brancusi, auxquels s'étaient joints Auric et Honegger, entrés dans la chambre à reculons, entouraient Satie. Il s'était beaucoup plaint de ses amis de son vivant. Mais aux abords de la mort, ils étaient tous là. Ceux qui étaient de son époque, et ceux qui appartenaient au temps, qu'il n'avait pas connus et qui étaient aussi ses amis car l'art ne connaît pas de limites dans le temps. Satie les accueillait un par un avec gentillesse, il les recevait à bras ouverts comme il n'avait pu le faire à Arcueil :

« Venez, entrez, vous êtes chez vous. Soyez les bienvenus. Excusez le désordre. Mettez-vous à l'aise. Ne vous gênez pas. Installez-vous. Prenez place. » Il n'y avait jamais eu autant d'amis autour de lui. Il n'avait plus besoin d'être seul. Il l'avait assez été pendant près d'un demi-siècle. Les artistes étaient sa seule *vraie* famille et s'entassaient pêle-mêle, un peu partout. « Il n'y a vraiment rien de mieux que mourir. C'est le meilleur moment de la vie. » Il ne s'était jamais senti aussi bien, et il ajoutait, guilleret, d'une voix flûtée : « J'ai eu une vie absolument merveilleuse. Personne ne peut me l'enlever. Elle est à moi. C'est ma vie, oui, ma vie à moi. » « Oui, Éric, tu as eu une belle vie », approuvait Allais, sans omettre le « k », mais en remettant l'accent sur son prénom, qui le connaissait depuis une éternité. « Et tu es mort depuis combien de temps, Alphonse ? », avait-il demandé, en boutade. « Oh, depuis vingt ans », avait répondu l'auteur de *À se tordre*, qui était un bon vivant jusqu'au bout. « Bon, alors, à bientôt ! »

Tous faisaient connaissance. Milhaud, qui était gai de caractère, récusait toute humeur dans son œuvre. De santé délicate, il avait toujours rêvé d'être compositeur. On lui reprochait d'écrire à tort et à travers, d'accumuler le pire et le meilleur. Il avait détruit beaucoup de ses créations et comme il aimait le jazz, il était fier de présenter à Satie, dont il admirait la bonté, l'ironie et la tendresse de vieux rabougri, Philip Glass qu'il avait rencontré au cours de son séjour à Paris, durant l'été 1960, où il avait découvert les musiques nouvelles comme celles de Boulez, qui avait tiré sur Satie à boulets rouges, mais n'avait ressenti aucune « excitation ». Il avait un temps travaillé comme chauffeur de taxi et conduisait la nuit dans les rues mal famées de New York. Satie lui avait demandé si c'est lui qui conduisait lors de l'accident de Ravel. Glass avait répondu qu'il était né en 1937 et n'avait pas son permis à l'époque. Satie, mort de rire, s'était excusé poliment : « Si je ris, c'est sans le faire exprès. » Sur quoi Allais, qui avait toujours le mot pour rire, avait nuancé : « Les gens qui ne rient jamais ne sont pas des gens sérieux. »

Philip Glass ne correspondait pas du tout à l'idée que Satie en avait. Il jouait chez lui sur un piano droit, dans son appartement vieillot de Manhattan, encombré de partitions et de paperasses qui n'était pas celui d'un musicien moderne comme portaient à le croire les décors épurés, éclairés par des pinceaux de lumière colorés, d'une précision millimétrée, de son complice Bob Wilson qui venait à son tour d'entrer dans la pièce. Il avait l'air d'un grand dadais du Texas, et avait pris place non sur la chaise d'un jaune beurre frais, mais sur la plus petite cédée par Picasso qui s'était levé pour le saluer. Wilson était deux fois plus grand que lui et le chef de file de l'avant-garde du théâtre était surpris, et un peu amusé, de voir que celui qui révolutionnait la peinture au XXe siècle était si petit. Les grands hommes (ou les petits) ne sont pas tous des génies. Mais eux, oui. Wilson, qui bégayait comme Einstein quand il était enfant, et Courbet, adolescent, était aussi mince qu'un fil et créait lui-même des meubles stylisés, simplifiés au maximum, et jaugeait en expert la chaise sur laquelle il s'était assis, tout recroquevillé, les genoux montant jusqu'au menton.

John Cage était heureux de retrouver Glass, son vieux « Phil », qu'il avait perdu de vue, qui était vingt-cinq ans plus jeune que lui, mais dont il suivait la carrière. Milhaud aussi était content de le revoir. Ils avaient changé depuis leur rencontre à Paris. Glass, qui aimait Bach et Cocteau, le poète féerique, dont Satie se méfiait car il ne pensait qu'à lui, détestait le terme « minimaliste » pour définir son travail. « Ce mot devrait être rayé du dictionnaire. »

— Et vous êtes quoi, alors, Philip ? s'était enquis Brancusi, vivement intéressé.
— Un « maxi-minimaliste » , avait asséné Glass.

Tout le monde avait explosé d'un rire joyeux. Dès le début des années 1950, Cage avait composé la musique des ballets de la troupe de Merce Cunningham, le vieux chorégraphe, aux cheveux bouclés comme du fil de fer, aux pieds crochus, aux doigts tordus et au dos incurvé comme un arc-en-ciel, ce qui troublait Milhaud, atteint de rhumatismes dès son jeune âge. Cage et Cunningham s'étaient rencontrés en 1938. Ils avaient vingt-six et dix-neuf ans. D'une grande timidité, Cunningham était un élastique filiforme sorti de sa lointaine campagne. Cage en était tombé subitement amoureux et avait quitté sa femme à la seconde. Ils formaient un couple artistement inséparable et vivaient ensemble depuis cinquante ans. Dès les années 1940, ils avaient séparé la musique et la danse, émancipés l'un de l'autre. Le mouvement allait de soi, sans illustrer la musique. Pas d'histoire, pas de sentiment. Chacun sa voix. Cage et Cunningham pensaient à deux et créaient séparément, chacun de son côté, mais n'avaient qu'un seul corps : celui de la création. Cage concevait des « pièces indéterminées », et avait rendu un très éloquent et savant hommage au silence. Le silence avait sa propre densité, il était la matière du temps. Wilson, tout jeune, avait lu *Silence* de John Cage, écrit en 1941, et, la fesse droite sur la chaise, la jambe tendue, avec un fort accent texan, d'une voix douce et monocorde, en le remerciant, lui avait glissé dans le tuyau de l'oreille : « C'est la chose la plus importante qui me soit arrivée dans la vie. »

Tous étaient ancrés dans leur temps. C'était leur langage commun, quels que soient la discipline et le moyen par lesquels ils s'exprimaient. Ce qui n'empêchait pas qu'ils se conduisent à l'occasion comme des collégiens farceurs qui rigolaient entre eux. Satie savait la parenté existant entre la structure rythmique et la métrique *glassienne* et les *Gnossiennes.* Les *tempi* serrés, heurtés, saccadés, fortement cadencés et ponctués de *Vexations* et de *Cinéma* avaient impressionné Glass comme Cage avant lui, même si Bach les avait bien sûr précédés tous les deux. Les séquences dans les ballets de Cunningham, « l'Einstein de la danse », où les danseurs répétaient en silence et sans miroirs, découvrant la musique lors de la première représentation, étaient calculées, comptées, mesurées au chronomètre, instrument de précision qui fige le temps et que réglait méticuleusement le soliste en queue-de-pie avant d'attaquer en public le début de *4'33"*.

En 1970, Bob Wilson avait créé *Le Regard du sourd*, œuvre du silence, d'une durée de 7 heures. C'était un spectacle somnambulique, proche du semi-sommeil dans lequel versait le public, plongé dans un rêve visuel hypnotique, qui donnait l'illusion de voguer en suspens, hors du réel, à rebrousse-temps. Glass et Wilson estimaient que la réussite du spectacle tenait en partie au fait qu'ils se voyaient régulièrement en tête à tête, un jour précis de chaque semaine, à heure fixe, pour parler de tout et de rien, à bâtons rompus, sur n'importe quel sujet, de façon détendue. Ah, le plaisir de la conversation que Satie savourait et dont il avait été cruellement privé pendant des années.

«*Motion is not emotion*» (le mouvement n'est pas l'émotion), assurait Cunningham. Satie aussi visait à susciter une sensation par le piano, en ne se servant que des notes, de la langueur du silence, de la récurrence des phrases musicales et de l'étirement du temps. En 1976, Phil Glass, qui avait aussi été plombier, était devenu le compositeur d'opéra le plus joué dans le monde. Il avait créé la musique de *Einstein on the Beach* qui durait 4 h 58 (certains disent 5 h 30), sans entracte, au contraire de *Relâche*, que Satie avait conçu avec Picabia. La musique, lancée lorsque le public entrait dans la salle, tournait en boucle, indéfiniment, jusqu'à la fin. Pas de pause, pas de milieu et pas de point final. Les gens allaient et venaient comme bon leur semblait.

— Où allez-vous ?
— Me dégourdir les jambes.
— Et vous ?
— Reprendre mes esprits.
— Et vous ?
— Je reviendrai quand ça commencera.

Wilson et Glass l'avaient imaginé à deux et Wilson pensait que la musique de Glass était « extrêmement mathématique », et, de même, Cage disait de Cunningham qu'il était un « chorégraphe très mathématique ». Pour Glass comme pour Satie, la musique était un « silence qui parle ». Un langage sonore qu'exprime l'absence de paroles. Plus on se tait, plus on écoute. Cage partageait ce point de vue, mais la musique n'était pour lui qu'un bruit sans bruit, un bruit parmi d'autres, une matière sonore.

Satie croyait plus que tout au silence.

Le Silence était une « vraie » note.
Le Silence n'était QUE silence.
Le Silence résonnait seul.
Le Silence n'y était pour personne.
Le Silence gardait le silence.
Le Silence s'alarmait du silence.
Le Silence était malaisé à entendre.
Le Silence était un concert permanent.
Le Silence était *sans* événement.
Le Silence bruissait de rumeurs inouïes.
Le Silence rendait au son sa liberté.
Le Silence avait une consistance physique.
Le Silence absolu était de n'entendre RIEN.
Le Silence favorisait l'écoute de soi.
Le Silence était une musique authentique.
Le Silence était « LA » musique.

Satie était le maître de la durée et il se réjouissait de savoir que Cage et Glass marchaient sur ses traces dans le traitement de la durée et la temporalité de la musique. Le Temps était leur langage commun. Cage avait opté pour la recherche et la découverte incessantes de nouvelles sonorités. L'arithmomanie de Satie, perçue erronément comme l'effet d'une manie, était un principe formel. La répétition à satiété d'un même motif, repris sans cesse, jusqu'à saturation, « Satie-ration », avec des modulations, des ralentis alanguis, proches de l'endormissement, de subites accélérations, aussi soudaines que des sursauts, s'avérait un principe de création parfaitement actuel, des plus contemporain. Satie était de son temps, en avance sur son temps et hors du temps. Sa musique était intemporelle et atemporelle, elle remettait en question non seulement le temps musical, mais la question même du Temps.

CHAPITRE 17

« Où est Conrad ? », s'était exclamé Satie comme Ravel après son opération au cerveau, avant de sombrer dans le coma. Mais il était quand même venu, un peu chancelant. Il avait l'air tellement absent qu'on se demandait si c'était bien lui et s'il était vraiment là. Était-il venu en taxi ? Personne n'avait rien dit. Moment blanc. Tous faisaient semblant de s'occuper. Glass, très concentré, le menton contre la poitrine comme s'il auscultait son cœur, consultait sa montre. Wilson notait ses pensées dans un carnet qu'il avait à portée de la main. Allais, très curieux, conversait avec Ravel qui lui avait demandé le plus naturellement du monde : De quoi êtes-vous mort ? D'une embolie, avait répondu Allais, décédé d'une maladie pulmonaire, suite à une phlébite, à cinquante et un ans, à Paris. Et vous, Maurice ? Oh, moi, d'une embellie. Je n'ai pas du tout supporté le succès du *Boléro* !...

Braque demandait à Milhaud quel était selon lui l'équivalent du cubisme en musique et Milhaud, au côté du robuste Derain, avait répondu que Satie en était le prophète. Picasso, qui voyait au-delà des apparences, tenait Braque à l'œil et se demandait comment tirer profit de ses idées. Picabia, auprès de Cendrars, demandait à Brancusi quel était pour lui l'équivalent de la *Musique d'ameublement* en sculpture, et Brancusi, dans sa barbe, avait répondu qu'à son avis c'était une question d'intérieur et ils avaient éclaté tous les deux d'un rire silencieux.

Satie avait mené son existence hors des sentiers battus, et n'avait jamais quitté la France, comme Bach qui n'était sorti d'Allemagne qu'une fois dans sa vie à vingt ans. L'unique voyage de Satie à l'étranger avait été en Belgique, au mois de mars 1924, pour une conférence et il ne savait même pas nager, alors qu'il était né au bord de la mer. Il avait eu le loisir de se préparer au « grand départ », mais s'était dérobé à l'idée de voir défiler sa vie au dernier moment, et, se dressant sur son séant, il s'était écrié :

— Vive la jeunesse !

Puis, il s'était liquéfié et s'était effondré d'un coup. En 1924, Cocteau, « le maître du rêve », qui l'avait bichonné, courtisé, embobiné, avait dessiné son portrait, dénué de traits saillants. Il n'y avait que du blanc, encore du blanc, toujours du blanc, au milieu d'un nœud de lignes. Rétif à sa propre ressemblance, Satie ne ressemblait qu'à lui, quelle que soit son apparence. Satie était une énigme, Satie était un rébus. On ne le reconnaissait plus sans son chapeau, son faux col et son parapluie. Il ne ressemblait plus à celui que tout le monde connaissait. Son personnage, qui se déguisait en lui-même, avait cessé d'exister. Il ne donnait plus le change et ne se protégeait plus du monde par son apparence. C'est comme s'il avait perdu le « k » de son prénom. La vie était passée, la fin approchait. À Milhaud qui se penchait, l'œil embué, la main en cornet (à piston) à son oreille, il avait répété ce qu'il avait déjà dit : « Tu sais, Darius, j'ai assez vécu, j'ai eu une belle vie, solitaire et triste, vraiment triste. »

C'était le cas de nombreux musiciens, il n'était pas une exception. D'autres avaient subi un sort moins enviable. Alban Berg, qui avait étudié avec Schönberg, le maître de Cage, était mort la nuit de Noël comme Robert Walser d'une septicémie, suite à un abcès dentaire. César Franck avait connu le succès à soixante-huit ans, en 1890, année de sa disparition, par la première audition de son *Quatuor à cordes*. « Vous voyez, le public commence à comprendre. » Georges Bizet, qui avait composé une opérette en 1 acte, *Le Docteur Miracle*, aux prises avec l'indifférence et l'insuccès, souffrait d'une affection de la gorge qui causait des troubles vocaux et auditifs, doublés d'étouffement. Il avait succombé à une crise cardiaque après le baissé du rideau sur la 33e représentation de *Carmen*. Le jour de son décès, la représentation avait été annulée à cause d'un malaise de la cantatrice interprétant le rôle-titre.

Satie était hypocondriaque. La maladie des autres compositeurs l'affectait. « Plus on est de musiciens, plus on devient fou », notait-il dans ses *Écrits pour moi seul*. Et il n'avait rien dit de Ravel, en conversation avec John Cage, décédé le 12 août 1992, à New York, à soixante-dix-neuf ans. Il avait tout son temps à présent pour ausculter le silence. « Quand un bruit vous ennuie, écoutez-le. » Ni d'Offenbach, auteur de 102 opérettes et chantre du « french-cancan », ou « coincoin », qui s'était éteint le 5 octobre 1880 à son domicile, à Paris, des suites de la goutte.

Satie, qui avait une bonne descente, n'en était pas loin. Milhaud l'avait vu siffler une bouteille de cognac après le dîner sans être saoul et rallier Arcueil à pied, comme s'il n'avait rien bu. Allais, qui disait avec à-propos que « la mort est un manque de savoir-vivre », était un buveur d'absinthe comme Verlaine auquel il pouvait donner ce conseil : « Qui boit de l'absinthe se tue par gorgées. » Et comme il ne faisait rien à moitié et lampait itou des demis glacés, Satie, en riant à gorge déployée, avait rappelé qu'il souffrait d'une double pneumonie.

— Pourquoi double ?
— Une simple ne suffit pas.

La chambre ayant dépassé la limite autorisée par l'hôpital de quinze personnes maximum, ce qui était déjà beaucoup, l'infirmière de service avait annoncé avec solennité qu'il n'y aurait plus de nouvelle visite.

— C'est complet !

Tout s'arrêtait. Noir absolu, plus de blanc. Personne n'osait plus lui parler, ni le toucher. Il s'en allait en poussière comme celle qui couvrait ses partitions, ses paletots et ses pianos sans cordes. La vie s'arrêtait. Satie était-il vivant ou mort ? Croyait-il à l'éternité ? Y avait-il une vie après la vie ? Une vie de l'au-delà par-delà le vécu de la vie ? Il était né entre deux mondes et ne croyait pas à l'au-delà. Qu'y avait-il après l'ici-bas ? Il était allé au bout de ses forces. Il sortait « du monde d'avant » et filait au-devant « du monde d'aujourd'hui ». Il avait gagné la partie. Le passé n'existait pas. Jusqu'à l'ultime extrémité, il voyait la vie du bon côté.

On l'invitait à dîner, le courtisait. On louait ses mérites, vantait son génie. Autant en profiter, le succès ne durait pas, ni la gloire. On requérait son avis sur tout, et rien. On le caressait dans le sens du poil comme le premier chien coiffé. Et on échafaudait des œuvres hardies en se réclamant de lui. L'un avait conçu une sonate pour moteur d'aéroplane à 4 hélices, l'autre un récital de piano pour revolvers (chargés à blanc), le dernier une opérette en vers pour une « pantomime en braille ».

Satie délirait, ses pensées déraillaient. Ne sachant quoi dire, tous l'assistaient dans sa divagation, et, agacé par ces casse-pieds fanatiques lui collant aux basques, il se levait, quittait la chambre et partait.

— Laissez-moi tranquille, j'en ai assez.
— Mais pourquoi ? s'enquérait un crampon.
— Je dois fissa rentrer chez moi.
— À Honfleur, Erik ?
— Non, à Arcueil, c'est chez moi !

Et il cheminait sur son sentier intérieur, à la nuit tombée, par temps clair ou sous une pluie battante, dévalait dans un fossé aussi étroit qu'une tombe – comment l'en empêcher ? – et il s'écriait « J'y suis ! », ou « Je n'y suis pas ! ». Il était libre, jeune et plein d'avenir, il pensait à Suzanne Valadon, il avait le cœur brisé comme les os de Toulouse-Lautrec, et elle était soudain là, les paupières fardées et les lèvres bleuies, penchée sur son agonie et sur ce qui finissait avec lui, et l'emplissait d'une tristesse infinie, avec son fils Utrillo, au teint de lait, blanc comme la chaux qu'il raclait sur les murs lépreux du Vieux

Montmartre et étalait à la truelle sur ses toiles plâtreuses, il avait été interné plusieurs fois à Sainte-Anne avec des fous furieux, avait traîné son instable et misérable existence au bistrot du *Casse-Croûte*, avait été soigné plus d'une fois à l'asile de Picpus, et s'en était sorti finalement grâce à l'appui sans faille de sa mère et connaissait un succès foudroyant.

— Combien coûte un cercueil ?

Tout le monde avait compris Arcueil. Il avait dit : « Combien coûte Arcueil ? » Ou : « Ça me coûte de quitter Arcueil. » Arcueil était son cercueil. Satie serait seul dans son cercueil comme il l'avait été durant sa vie à Arcueil, et ailleurs. Il ne risquait pas de s'assoupir dans un cercueil enfoui sous un monceau de couronnes et de gerbes enrubannées. De crouler sous les compliments, les éloges et les hommages posthumes. Ni d'être enterré en fanfare à la Madeleine ou d'entrer en grande pompe au Panthéon. Il n'attendait pas qu'on l'ensevelisse sous les fleurs. « Il y a des fleurs qui ne durent qu'un jour », avait soufflé, d'une voix éteinte, Picabia à Derain. « Les fleurs n'ont d'odeur qu'en imagination », avait confié, la gorge serrée, Braque à Brancusi, qui étudiait le cercueil d'un œil de menuisier. C'était sa formation, il était rompu aux métiers du bois. « C'est mieux qu'une boîte à violon », avait observé Allais, à l'humour acide, qui avait écrit *Vive la vie!*, à Cendrars, accablé, qui avait répondu : « Le couvercle d'un piano est comme celui d'un cercueil », en essuyant une larme du revers de la main gauche alors qu'il était droitier. « Un piano, c'est une caisse ! », avait soupiré, d'une voix sourde, Cage, assis à côté de Glass, et de Bob Wilson, qui avait le cœur pincé, la gorge nouée et les larmes aux yeux.

Se débattant sur son lit où il était enseveli, écartant des doigts les draps froissés, rejetant la couverture rouge sang, renversant les flacons, Satie, en proie aux affres d'un cauchemar, cherchait une lettre égarée. Où donc était-elle ? De quel courrier s'agissait-il ? De celle qu'il s'était expédiée à son adresse rue Cauchy ? Ou était-ce un bougre, un loustic, un lascar qui occupait au deuxième étage la même maison que lui ? Et qui avait imité sa signature ? Tout le monde s'était mis à chercher. Tous lui avaient envoyé des lettres auxquelles il n'avait pas répondu ou très longuement, avec force détails, sans les avoir ouvertes. Puis, il s'était soudain assagi et semblait tout à fait détendu. S'était-il assoupi ? Feignait-il de dormir ? Rêvait-il ? Rêvassait-il ? Ou était-il déjà mort ? Tout devenait sombre. Plus rien à voir, plus rien à entendre. Son sang se glaçait, son souffle ralentissait. Une chape s'abattait sur la vie. Toc, toc, toc. La pleureuse frappait à sa porte. Le temps venait de prendre congé. Utrillo avait disparu, mais Satie savait que Suzanne Valadon était toujours là et veillait sur lui.

À quoi bon étaler ses angoisses ?
Place à l'oubli.
Assez de solitude,
D'ennui,
D'indifférence,
De froideur,
De silence,
Et de mépris,
Oh, le mépris.
Oui, surtout le mépris.
Disparais, Erik Satie !

Il entrait dans l'inconnu, mais lui ne l'était pas. Il ne l'était plus. Satie était connu. Il n'était plus un inconnu. Tout le monde l'aimait. Guy Debord aimait Satie. Francis Ponge aimait Satie, Robert Filliou aimait Satie, Joseph Beuys aimait Satie, Cédric Klapisch, Orson Welles aimait Satie, Louis Malle aimait Satie, Woody Allen, Carlos Saura, Xenakis, Stockhausen et Pascal Dusapin aimaient Satie, Gertrude Stein, Alexander Calder, Willem de Kooning aimaient Satie, Magritte aimait Satie, Hergé et Sempé aimaient Satie, Jankélévitch aussi. Il était aussi célèbre qu'eux. Satie avait connu et approché, de près ou de loin, Allais, Arman, Auric, Bach, Bacon, Barthes, Baudelaire, Boudin, Boulez, Brancusi, Braque, Breton, Cage, Caillebotte, Cendrars, René Clair, Cocteau, Courbet, Cunningham, Debussy,

Degas, Diaghilev, Duchamp, Glass, Honneger, Lavier, Ligeti, Malevitch, Man Ray, Milhaud, Picabia, Picasso, Pollock, Poulenc, Rauschenberg, Ravel, Stravinsky, Walser, Wilson, et tant d'autres…

Mais il était seul à présent. Il n'y avait plus personne. La chambre était vide. Il se retrouvait absolument seul comme il l'avait toujours été. Rien ne le sauverait du Vide. Et d'ailleurs, il n'y avait pas de Vide. Tout était plein. Le Vide était rempli de lui-même. C'était là le sens de la vie. Quand tout disparaît ne reste que le Vide. Satie le savait, il avait beaucoup cherché en vain pour le trouver. Il s'en approchait enfin, mais il n'en avait pas peur.

Satie ne craignait pas le Vide.

le Vide n'était pas rien
le Vide à la place du vain
le Vide de la *vraie* solitude
le Vide n'était que du Vide
le Vide était bien vivant
le Vide n'était pas l'absence
le Vide était le double du plein

Il n'avait jamais donné d'autographe, ni n'avait été joué salle Pleyel ou à l'Opéra, il n'existait aucun enregistrement de sa voix. À quoi ressemblait-elle ? Trop tard pour l'entendre, on devait l'imaginer.

Il était temps de lever l'ancre, comme on dit à Honfleur. « La petite fille aux yeux verts », ainsi qu'il appelait la misère, était priée de mettre les voiles. Tant qu'on créait, on ne mourait pas. Satie mourait pour s'imaginer mort. Un spasme avait secoué son corps, il avait poussé son dernier soupir. Tout était fini. Picabia lui avait fermé les yeux pour de bon. Son visage immobile était gris. Il était tout froid, raide comme une morue. Satie avait cinquante-neuf ans et en paraissait cinquante de plus. Il avait mis 132 jours pour atteindre le mercredi 1er juillet 1925.

Satie est mort,
Vive Erik Satie !

Mais Satie, même éteint, gardait les oreilles et les yeux ouverts. Il n'avait plus qu'un costume et il était mort dedans. Sapé comme pour une cérémonie, il était allongé sur son lit, avec son parapluie accroché à son bras, les jambes droites alignées parallèlement, en repos après avoir autant marché, son chapeau melon sur la tête. Et, en serrant le manche de son pépin, citant Courbet, il pensait : « J'ai eu de la chance, j'ai passé entre les gouttes. » On ne savait plus si on avait affaire à Kafka, à un personnage de cinéma burlesque américain ou à lui-même. Il était un peu tout cela en même temps. Suzanne Valadon, avec tendresse, avait enlevé son monocle mis à tremper dans un verre d'eau claire, placé sur la petite table de bois brun, à côté du lit. Elle avait posé un baiser sur sa joue et, bouleversée de voir Satie mort, avait plaqué ses lèvres sur les siennes. Puis, ils s'étaient retirés sans bruit, sur la pointe des pieds, de la chambre vide et nue, en se saluant tristement et en se promettant de se revoir aux funérailles, qui auraient lieu trois jours plus tard.

— Je lui devais beaucoup, reconnaissait avec émotion Ravel, les yeux plissés, l'air absent.

— Il avait toujours voulu être quelqu'un, sanglotait Brancusi, qui doutait qu'il soit mort.

— Mais il était Satie, bafouillait Milhaud, d'une voix blanche, bouleversé de tristesse.

— Ce n'était pas n'importe qui, babillait Auric, en serrant à deux mains son parapluie.

— Tout le monde n'est pas Satie, barbotait Derain, effondré par sa disparition.

— Il ne donnait rien à personne, observait Milhaud, cramponné au bras de sa moitié.

— Et il ne devait rien non plus à personne, rappelait Picabia, pressé de regagner son bolide.

— Il était généreux à l'excès, se récriait Cendrars, qui le trouvait franc comme l'or.

— Je ne le reverrai plus, regrettait, sur un ton affligé, Wilson, des larmes dans les yeux.

— Il était insurpassable, admettait Picasso, qui surpassait de loin tout le monde.

— Il était impayable, se félicitait Allais, qui évaluait à leur juste prix les (bons) mots.

— Il était indéchiffrable, confessait, la gorge nouée, Braque, qui avait vraiment tout compris.

— Il était souple comme une poche vide, déplorait Marcelle, qui savait ce qu'elle disait.

— Il était inépuisable comme les champignons, avait conclu Cage, qui était fin mycologue.

Et avant de s'en aller en compagnie de Phil Glass, triste comme la pluie, il avait ajouté : « Je ne comprends pas pourquoi les gens ont peur des idées nouvelles. Moi, j'ai peur des vieilles idées. »

*

Satie demeurait seul, aussi seul qu'il l'avait toujours été et au moment où Debussy, qui était le dernier à quitter la chambre et que l'on avait oublié, se recueillait une dernière fois devant le corps de son ami avec lequel il s'était tant chamaillé, rangé à côté de son parapluie fermé, le monocle dissimulant son regard par mille reflets posé sur la table de nuit, à côté du lit, avec son chapeau sur la tête qui l'apparentait à un « huissier des pompes funèbres » auquel on l'avait tant assimilé par le passé, il semblait que le corps de Satie s'agitait de petites quintes de rire silencieux comme si on le grattouillait intérieurement. Agité de menus soubresauts, il comptait lentement sur ses doigts, de un à deux, trois, quatre, jusqu'à 59, le nombre d'années qu'il avait vécues, et il lui avait adressé une toute dernière fois la parole.

DEBUSSY
Tu n'es pas mort, Erik ?

SATIE, *clignant de l'œil.*
Non, puisque je te regarde, Claude.

DEBUSSY
Et tu me parles aussi.

SATIE
C'est encore une chance.

DEBUSSY, *admiratif.*
Qui donc, à part Dieu, en est capable ?

SATIE, *se gondolant.*
Eh bien, moi.

DEBUSSY
C'est admirable, je t'envie.

SATIE, à part.
Je ne suis pas tout le monde.

DEBUSSY, *quittant la pièce.*
Moi non plus.

CHAPITRE 18

L'enterrement de Satie n'eut pas lieu trois jours après le trépas du défunt, mais le lundi 6 juillet 1925, à 11 heures *très précises*, à l'église Saint-Denys d'Arcueil-Cachan. La mairie avait décrété des obsèques communales, mais elles étaient payantes vu l'état des finances locales. On avait peiné à réunir la somme requise. Les mieux nantis (Picasso, Picabia, Braque et Duchamp) avaient mis la main à la poche. Cocteau, jouant de son charme, avait activé son carnet d'adresses et tout s'était arrangé par enchantement. Le faire-part mentionnait « Monsieur Erick Satie, compositeur de musique ». Et Satie l'avait mal pris. Il râlait, une dernière fois. On avait fait une faute à son prénom, mis un « c » avant le « k ». On aurait pu respecter cette première volonté !

Il profitait à présent des honneurs du ciel qu'on lui avait refusés toute sa vie. Des discussions avaient eu lieu pour savoir quelle musique jouer pour accompagner ses funérailles. On hésitait entre le *Requiem* de Fauré (« Je compose dans ma cervelle »), totalement sourd, qui n'entendait que des sons déformés, décalés d'un intervalle et dépassant parfois la tierce – quel chahut ! – et celui de Brahms, mort d'un cancer du foie, à soixante-trois ans, qui l'avait composé « pour rien... pour le plaisir, si j'ose dire », et avait aussi gagné sa vie en « tapant » dans les cavernes et les brasseries du port d'Hambourg. On avait aussi songé à *Pavane pour une infante défunte* de Ravel que Satie appréciait pour l'allitération de son titre, à la *Marche funèbre* de Beethoven, trop triste, au *Requiem* de Berlioz, sec comme un haricot, qui n'avait pas l'emphase physique de ses œuvres, si solennel qu'à l'approche du cimetière de Montmartre, les chevaux du corbillard, trop excédés par ses accents endiablés, lors de ses propres funérailles, s'étaient emballés, et on y avait renoncé. Puis, on avait envisagé la deuxième pièce des *Embryons desséchés*, pastiche de la *Marche funèbre* de Chopin, obsédé par la crainte d'être enterré vivant, extraite par Satie d'une mazurka de Schubert, né dans une famille de treize enfants, qu'affligeaient de forts maux de tête et des étourdissements. On avait aussi considéré la *Marche funèbre composée pour les funérailles d'un grand homme sourd* d'Alphonse Allais, conçue en 24 mesures strictement blanches et rédigée sur une page vierge parce que « les grandes douleurs sont muettes ». On avait scruté avec gravité l'enterrement à la fin d'*Entr'acte* qui semblait faire du surplace mais se déroulait en accéléré, ce qui enchantait Satie. Mais qui s'enquerrait de l'enthousiasme d'un mort ? Et on avait opté en fin de compte pour les *Trois morceaux en forme de poire*, joués de manière cacophonique par la fanfare d'Arcueil, à la trompette, grosse caisse, tuba, flûte et flageolet (aliment blanc), qui peinait à marcher au pas en respectant les silences et les temps suspendus entre les notes.

Une annonce affichée dans Arcueil proclamait :

« Ni fleurs ni couronnes
Ni parapluies ni parasols
Ni paravents ni parasites ! »

Et le cortège s'était ébranlé au son des fausses notes que Satie avait toujours adorées. Quel bastringue ! Picasso, au bras d'Olga, marchait en tête, suivi de Diaghilev, au monocle vissé dans l'orbite, et de Braque, qui progressait d'un pas flottant sous son panama. Tous portaient la douleur du deuil. C'était une magnifique journée d'été, chaude et lumineuse. Sachant le peu d'intérêt qu'il portait à la chronologie, les artistes de toutes époques défilaient d'un même pas, la mort dans l'âme, pour saluer la mémoire de celui qu'ils aimaient ou n'avaient pas connu, parce qu'ils n'étaient pas nés ou étaient déjà morts, sans oublier ceux qui l'avaient visité à la fin, cloué sur son lit de douleur, à l'hôpital Saint-Joseph où il était resté six semaines. Merce Cunningham, disparu en 2009, à quatre-vingt-dix ans, qui avait fait un testament et décidé d'arrêter sa troupe, trottinait non loin de Pina Bausch qui n'avait pu assister à la première de *Parade*. Mais elle avait monté, en 1975, à l'opéra de Wuppertal, en Allemagne, *Le Sacre du printemps*, qui avait révolutionné l'art de la danse comme Nijinski, aux mollets aussi gros que des pamplemousses, l'avait fait en son temps. Elle tenait à être présente pour honorer Satie dont elle adorait l'audace et la modernité, qui trouvait qu'elle ressemblait de profil à Duchamp. Impressionnante par sa silhouette mince et fantomatique, avec ses longs bras, sa peau pâle, ses mains noueuses, sa démarche gracieuse, ses grands pieds, son port altier et ses yeux bleus magnifiques, elle était morte d'un cancer fulgurant, après cinq jours d'hospitalisation, le 30 juin 2009, à soixante-huit ans, et conversait avec Ravel qui ne prenait plus de taxi à l'inverse d'elle qui sautait toujours dedans car elle n'avait pas de permis de conduire ni de voiture et n'hésitait pas à faire mille détours, durant de longues minutes, à cause des rues à sens unique. Philip Glass et Bob Wilson les suivaient à deux pas. Derain, au profil romain, confiait à Cendrars l'immensité de son chagrin. « Je n'ai eu que deux ou trois amis dans ma vie. » Et Cendrars, qui tenait Satie pour le plus grand musicien français, « le seul moderne », avait répondu, avec des larmes dans la voix : « C'est déjà beaucoup. Je n'en ai pas autant. »

Tous allaient très lentement, sur un rythme assez solennel, épaule contre épaule, ou main dans la main. Brancusi, fort affecté, en écharpe blanche et melon noir, pirouettait sur lui-même comme une sculpture de Calder, tournant dans l'espace sous l'effet de l'air et du vent, et se demandait à mi-voix : « Satie, pourquoi n'es-tu plus là ? » Puis, il avait repris sa conversation avec Duchamp qui n'était pas décédé comme l'avait raconté Allais.

— Vous jouez encore au golf à Saint-Cloud ?
— Oh, non.
— Pourquoi ?
— On s'y ennuie tellement.

Boulez n'était pas invité, l'avis de décès lui était parvenu au Salon des Inventeurs, salle concours Lépine, ni Barthes, qui aimait Pollock et Glenn Gould, mais pas Satie, Bartók et Vivaldi, et pas non plus Breton, qui avait succombé à une crise d'étouffement et rendu son dernier souffle en 1966, un siècle tout juste après la naissance de Satie. Cocteau s'était invité d'office, mais il était trop déprimé pour se montrer sous un mauvais jour (et son mauvais profil), avec une tête d'enterrement, il se plaignait d'un rhume, éructait des sanglots assourdissants et se mouchait bruyamment pour attirer l'attention. « Satie s'est amusé en jouant son personnage jusqu'au bout, sans épuisement », hurlait-il à l'oreille de David Hockney, qui portait des hublots de hibou, une cravate colorée, des cheveux blonds décolorés et des chaussettes de couleurs différentes, il s'était inspiré du décor de *Parade* quand il l'avait réalisé à son tour au Metropolitan Opera, puis au Châtelet. Il était aussi sourd que Beethoven et Fauré, à la fin de sa vie, qui avait eu droit à des funérailles nationales, un an plus tôt, en 1924. (« Fauré, qui est-ce ? », radotait le ministre des Beaux-Arts et de l'Instruction.) Ou Goya qui déclarait : « Donnez-moi un morceau de charbon et je vous fais un tableau. » Ce n'était pas l'avis d'Allais qui avait peint des tableaux monochromes blancs et avait exposé, en 1883, au deuxième salon des Arts itinérants *Première communion de jeunes filles chlorotiques par un temps de neige*. Pour lui, rien n'était noir ou blanc et le blanc, c'était souvent le noir qui le cachait. Picabia révélait en aparté à Bob Wilson ce qu'on dirait de lui quand il mourrait : « Il s'est amusé en travaillant sans effort jusqu'à épuisement. » Philip Glass abondait dans son sens : « Si l'on doit se souvenir de moi pour quelque chose, ce sera pour ma musique pour piano car tout le monde peut la jouer. » « La musique c'est la vie », approuvait Braque. Satie ne s'était jamais copié lui-même et pouvait dire la même chose. Il était permis de se demander s'il n'avait pas prononcé cette phrase en premier.

*

Tous suivaient une banderole « ADIEU SATIE », brandie à bout de bras par trois membres du groupe des Six. Milhaud, très ému, qui avait réalisé le premier enregistrement des œuvres pour piano de Satie en 1950 et s'estimait lié à lui par une amitié définitive, soufflait, à voix basse, à John Cage :

— Il y a 3 grands S dans la musique moderne.
— Lesquels ?
— Stravinsky, Schönberg et Satie.
— Je suis d'accord.

Sa popularité était grandissante, il n'avait jamais été aussi vivant. Madeleine, l'épouse de Milhaud, et celle de Braque, émue jusqu'aux larmes, allaient bras dessus bras dessous comme des vieilles copines, et Satie, rabougri dans son cercueil de bois peu cher, leur avait lancé d'une voix enjouée, tout sourires :

— Vous pleurez toutes les deux.
Et ensemble, elles avaient répondu :
— Oui, comme des Madeleine.

S'était alors jointe au cortège, en chemise de nuit, la mère de Satie qui donnait l'impression de flotter dans l'air en glissant sur le sol. Elle ressemblait à l'égérie de la toile de Courbet, décédé à la Tour-de-Peilz, près de Vevey, en Suisse, à cinquante-huit ans, un an de moins que Satie, *La Toilette de la mort*, dite autrefois *La Toilette de la mariée*. Cette jeune femme, d'abord représentée nue, autour de laquelle s'affairaient des servantes qui l'habillaient, la coiffaient, la maquillaient, faisaient aussi le lit, tendaient les draps, dressaient la table, n'était pas une innocente mariée qu'on préparait pour la noce, mais une juvénile défunte tenant un miroir dans les bras. On faisait sa toilette avant de l'étaler sur sa couche et de mettre la table du repas funéraire. La jeune trépassée, affalée sur un siège, contemplait une dernière fois son faciès fardé pour l'ultime mascarade. Satie avait reconnu en elle Jane Leslie, sa mère morte quand il avait six ans et qu'il n'avait jamais entendue chanter ni jouer du piano. Parmi les femmes de chambre en robes blanches qui l'entouraient figuraient ses sœurs, Diane, qui n'avait vécu que quelques mois, et Olga qu'il n'avait plus revue depuis son arrivée à Paris, et qui portait le même prénom que la dernière femme de Picabia, épousée en 1940.

Satie, blotti dans sa boîte de sapin, était ému jusqu'aux larmes. Ils n'étaient plus séparés par le temps. La mort les réunissait comme elle les avait éloignés avant et ils vivaient dans le même monde à présent. Tous deux étaient sortis de leurs tracas, sacrés soucis, et ils n'en croyaient pas leurs yeux de se revoir après une aussi longue séparation.

— Tu n'es pas morte ?
— Si. Je suis une morte-vivante.
— Ça fait longtemps qu'on ne s'est pas vus.
— Tu m'as beaucoup manqué.
— Que fais-tu là ?
— Je suis venue pour toi.
— Je ne savais pas que tu viendrais.
— Pourquoi ?
— Tu ne m'avais rien promis.
— Je suis là maintenant.
— Il n'est jamais trop tard.
— Je t'ai apporté des mouchoirs.
— Je n'en demandais pas tant.
— Tu en auras toujours besoin.

Et ils s'étaient jetés dans les bras l'un de l'autre comme ils ne l'avaient pas fait avant. Elle avait rajeuni depuis le temps et le couvait de ses yeux vert d'eau, aussi doux qu'une caresse et pleins de nuances.

— Tu as mauvaise mine, mon chéri.
— C'est le manque d'exercice.
— Es-tu heureux ou triste ?

— Aucun des deux.
— Pourquoi, dis-moi ?
— Je suis mort.
— On s'habitue. N'y pense plus.

Elle était accompagnée de sa grand-mère Eulalie, buveuse d'eau dans un sale état, horrible à voir après un séjour de quarante-sept années dans l'eau de mer insane parmi les poissons affamés qui l'avaient rongée jusqu'aux arêtes.

— On dirait une lotte pourrie.
— Elle est malade ? s'inquiétait Pina Bausch.
— Non. Elle est morte depuis quarante-sept ans.
— Mince, alors !

Les morts étaient parmi les vivants. La fiction débordait la réalité. « Qui sont ces gens ? », s'inquiétaient les Arcueillais, massés sur le trottoir, impressionnés par le rythme de cette marche pompeuse, désharmonisée par la mesure chaotique de la fanfare. Quel ramdam ! À pas de colombe, Suzanne Valadon, des paillettes sur les paupières, en maillot de cirque étincelant, fort décolleté et échancré sur les hanches, les précédait en virevoltant d'un pas agile, ce qui conférait une touche de légèreté à cette marche digne et cérémonieuse, un brin officielle. Malgré leur rupture originale, mais brutale, elle s'était réconciliée à l'hôpital avec Satie depuis le baiser posé sur sa joue et sa bouche (cousue) qui l'avait fait rougir de bien-être. Et comme Satie la présentait à sa mère, Jane Leslie, elle avait demandé pourquoi elle ne s'était pas mariée avec son fils et Satie, en arborant un sourire rayonnant, avait expliqué qu'il voulait l'épouser après la première (et seule) nuit passée ensemble. Mais la mairie était fermée. Zut! Paulette Darty, dont Satie avait été l'accompagnateur, s'était mise sur son grand tralala. La « Reine des Valses lentes » n'était pas une étoile de l'art lyrique. Elle semblait danser plus qu'elle ne marchait, en sautant allègrement d'un pied sur l'autre. Elle chantait le très sulfureux *Je te veux*, composé en 1903, pour piano seul.

J'ai compris ta détresse
Cher amoureux
Et je cède à tes vœux
Fais de moi ta maîtresse
Loin de nous la sagesse
Plus de tristesse...

De la tristesse il y en avait partout dans ce funeste moment alors que sa voix montait vers l'aigu, en gazouillant comme un oiseau. Chacun pleurait et souriait intérieurement en entendant cette ritournelle où le défunt exprimait à plein son ironie, son humour, sa dérision, son désespoir aussi. Satie était fait de cette façon que l'un pour lui n'allait pas sans l'autre. C'était un sentimental et l'on jugeait à tort, à cause des chiffres possiblement, que l'expression des émotions et des sentiments n'était pas son fait. Plongé dans un sommeil profond, bercé par l'insouci du temps et l'approche du néant, il n'était pas fâché d'être là où il se trouvait maintenant. Sa montre s'était définitivement arrêtée, mais son cerveau ne cessait pas de fonctionner. La mort n'était pas ce qu'il avait cru. Il n'était pas tombé dans l'oubli, mais dans un silence propre au vide, et ses pensées continuaient d'exister. Son cercueil était un autre « Placard » où il ne roupillait pas debout, mais couché. Son crâne touchait le bord de la caisse et ses pieds butaient de l'autre côté. Il n'y avait rien de plus confortable que de ne plus exister. Le temps s'était envolé. Sa mère était vivante et lui avait offert des mouchoirs. Pour la première fois de sa vie, il n'était plus orphelin, son cercueil en tremblait d'émotion.

*

L'inhumation avait lieu dans le petit cimetière d'Arcueil qui n'avait jamais vu autant de célébrités, il était à moitié vide, et l'on avait tenu à ce qu'occupent les premiers rangs les habitants de la commune dont Satie avait partagé la vie pendant vingt-six ans, distribuant ses bienfaits sans le dire autant qu'il leur portait intérêt. Étaient ainsi présents, recueillis, en rang d'oignons, dignes (de foi) et muets comme des carpes :

Les membres de la Société du Vieil Arcueil, en tenue du dimanche et haut-de-forme.

Ses voisins qui le croisaient dans l'escalier aux marches disjointes, à des heures indues.

Le cafetier de la maison des Quatre cheminées où il venait souvent, encore gris de la veille, qui ne l'avait pas vu depuis des mois.

Les patrons des troquets de la place Denfert-Rochereau où il avait enfanté ses chefs-d'œuvre, seul à table en retrait, dans un coin retiré.

Un noctambule éméché, soûl comme un âne, qui rentrait se coucher et avait pris place dans la file sans demander le nom de celui qu'on enterrait.

Un croque-mort, en deuil et en congé, un couple d'ouvriers sans boulot, un marchand de haillons et d'habits d'occasion.

Des chiens errants qui l'avaient escorté fidèlement dans ses vagabondages nocturnes.

Des pauvres, des miséreux sans le sou, des loqueteux, des indigents sans logis.

Le clochard qui lui avait libéré sa piaule incommode de la maison des Quatre cheminées.

*

Tous les enfants d'Arcueil étaient conviés à l'événement, ils l'adoraient et il les adorait comme

Ravel qui les aimait aussi. Ils sautaient à cloche-pied, jouaient à colin-maillard ou à la marelle, jambes écartées, comme lui quand il rentrait à Arcueil avec ses souliers dépareillés. Satie s'intéressait à ce qu'ils disaient, pensaient et à leur façon d'agir dont il y avait beaucoup à apprendre. Brancusi partageait ce point de vue. « Quand nous ne sommes plus enfants, nous sommes déjà morts. » Les bambins d'Arcueil, aux bouilles poupines, suivaient le cortège en rangs serrés, deux par deux, en culotte courte et tablier noir, en se tenant la main. Satie leur donnait des cours de solfège, organisait des goûters et tenait le piano au cours de danse, alors qu'il n'en avait pas chez lui. Il faisait répéter les chœurs et prêtait son concours aux fêtes qu'on organisait et se vouait de bon gré au service de garde. Il les protégeait des dangers de la rue, les gardait des mauvaises fréquentations, veillait à l'esprit de camaraderie, chaperonnait leurs jeux, les emmenait en excursion le jeudi dans la nature, aux portes de la ville, et en récréation dans les musées, prenait part aux réunions familiales ou messes paroissiales (car il était devenu catholique, aussi pieu qu'une barrière de clôture), et emmenait les élèves de l'école communale (une trentaine) en balade l'été, après les avoir choisis un à un.

— Et ça ?
— C'est un saule.
— Et là-bas ?

— Un cyprès.
— Si loin ?
— Eh, oui.
— Et là, c'est un oiseau ?
— Cui, cui.

Satie était un chef d'école. Mais quelle école ? L'école primaire. Il n'était l'élève que de lui-même, non un professeur ni un maître, et surtout pas un « bon maître » car il était trop souvent de mauvaise humeur, et faisait tout cela à l'œil, sans qu'on le sache, de façon facultative car il démissionnait sur-le-champ et échappait ainsi à toute obligation morale. Satie était le chef de l'orphéon d'Arcueil et les écoliers trouvaient à la musique des vertus enfantines. En tapant deux ou trois notes, on obtenait une comptine qui touchait au cœur par sa modestie et sa simplicité. Satie avait une âme d'enfant. Il était le plus petit, le plus vieux et le premier d'entre eux. Il agissait comme le premier de la classe et son enterrement était celui d'un premier de classe.

*

Et les voici tous maintenant au bord de la fosse où Satie reposait dans son cercueil de bois clair. Il avait tant rapetissé qu'on aurait dit celui d'un enfant. Le temps était splendide. Le soleil brillait. Les oiseaux pépiaient. On allait le mettre dans le trou. Du trou normand au trou final, du trou de souris au trou de mémoire où on l'avait enterré de son vivant, du trou noir au trou perdu, il n'y avait qu'un pas. La vie était passée. Le fossé était étroit et profond. Satie préférait celui d'Arcueil, plus accueillant. Chaque soir, il rentrait de Paris jusqu'à chez lui. Sous un soleil de plomb, à midi, en été, il se mettait en route dans l'air pesant, sillonnant la ville et la banlieue, martelé par les averses ou battu par le vent cinglant, s'asseyait sur un banc, contemplait la vue et repartait sans tarder, arrivait à bon port après maints détours, à la nuit tombée.

Ah, le bon temps !

Satie s'enfonçait dans l'Ailleurs, il dévalait dans les tréfonds du monde au rythme des *Gymnopédies* saluées par tous comme son chef-d'œuvre. Un océan de badauds suivait le défilé, escorté d'une petite foule de Honfleurais (nul n'est prophète en son pays). Tous s'avançaient à pas traînants et accablés avant qu'il ne disparaisse dans le trou profond où il resterait un bout de temps. Suzanne Valadon, qui progressait à pas de colombe, avait changé d'allure. À soixante ans bien sonnés, elle faisait le poirier. C'était sa façon de dire adieu à l'auteur des *Trois morceaux en forme de poire*. Elle avait versé une larme dans la fosse. Utrillo, toujours aussi malingre, avait dispersé de la chaux. Braque, au bras d'Octavie, dite « Marcelle », avait jeté du bout des doigts des fleurs de nature morte. Pina Bausch, à côté de Merce Cunningham, Diaghilev, Hockney et Bob Wilson, avait lancé de la tourbe du *Sacre du printemps* sur la boîte de bois clair jusqu'à ce que la recouvre en partie l'humus marron, odorant, onctueux et souple. Cendrars, qui muait la boue en beauté, avait lâché une poignée d'or ramenée d'un des fabuleux voyages qui le menaient au bout du monde. Cocteau, l'aède insaisissable, avait récité un poème en vers rimés. Ravel s'y était repris à deux fois pour expédier une motte de glaise que Milhaud lui avait fourrée dans la main. Picabia avait dispersé des pétales de fleurs tirées d'une toile non encore peinte. Brancusi, aux traits ciselés, avait semé au vent une motte de la terre des Carpates et de la poussière de marbre blanc. Allais avait projeté une pincée de bicarbonate de soude de l'officine paternelle. Cage et Glass avaient propulsé, de concert, un doigt de sucre et un grain de sel puisque Satie n'avalait que des aliments blancs. Et Paulette Darty de la sciure du plancher du cabaret où elle triomphait chaque soir. Bouquet final. Picasso, qui fermait la marche et avait de grosses mains mais le nez fin, avait déposé une gerbe de fleurs multicolores au bout des tiges reliées et signait ainsi ce dernier adieu de son nom.

Bravo, bravi !
Applaudissez ! Applaudissez !

La vie de Satie
Est terminée !

Seul était absent Conrad, pris par ses activités et touché par un deuil récent qui l'avait ébranlé. Son épouse, Marie-Eugène, était décédée un an plus tôt, le 24 janvier 1924. Injoignable, il ne savait rien des ennuis de santé de son frère et avait appris, avec retard, sa disparition par la presse. Quand il est trop tard, plus rien ne presse. Il était arrivé comme les carabiniers d'Offenbach et avait remis à Suzanne Valadon un gros paquet de lettres qui lui étaient destinées. Il était soulagé de les apporter à sa destinataire. Satie, par pudeur, ne les avait pas expédiées car il était persuadé qu'elle les aurait brûlées après les avoir lues. Suzanne les avait serrées contre son cœur après les avoir noyées de baisers. Satie en aurait pleuré de bonheur. Cela n'avait plus de sens à présent. Lorsqu'on avait enfin pu pénétrer dans l'antre d'Arcueil, Conrad avait entassé dans une valise les cahiers de musique de son aîné et les avait confiés à Milhaud pour qu'il les classe et les publie.

Ainsi, Darius, recevant l'intégralité des carnets retrouvés et sauvés pour la postérité comme Max Brod, Dieu merci, l'avait fait pour Kafka, conservait-il l'amitié de Satie qu'il aimait si sincèrement. Conrad avait été pour son frère l'égal de Théo pour Vincent. Il avait veillé sur lui comme l'atteste leur copieuse correspondance et avait été son marchand qui écoulait ses toiles quand l'occasion se présentait. Comme Théo, décédé de chagrin six mois après Vincent, Conrad, après le décès d'Éric, s'était retiré du monde et avait vécu reclus comme son aîné, à l'écart de la société des hommes jusqu'à sa mort, à soixante-dix ans, avec un chat noir pour seule compagnie.

*

Après la cérémonie, lorsque tout le monde était parti, la mère de Satie, en compagnie d'Eulalie, de ses sœurs, Diane et Olga, aux yeux scintillants qui voyaient tout, avaient jeté, chacune à tour de rôle, une poignée de sable de la plage de Vasouy avec lequel on faisait des pâtés et bâtissait des châteaux friables pour affronter les marées, et tous les amis de Satie, vivants et morts, s'étaient retrouvés au café des Quatre cheminées pour boire un dernier verre à sa santé et évoquer quelques souvenirs, avant qu'ils s'en aillent comme disait John Cage.

« Si parmi vous
Certains souhaitent
Arriver quelque part
Qu'ils partent quand ils veulent. »

Tous s'adonnaient à d'ultimes condoléances. Je n'ai jamais vu Satie rire, affirmait Picasso aux yeux ronds comme des billes. Ni pleurer, confirmait Picabia, fanfaron. Mais il s'amusait beaucoup, assurait Milhaud, penaud. Je peindrai son piano, prédisait Braque, qui avait l'idée d'une peinture cubiste suscitant la jalousie toujours en éveil de Picasso. Les deux pianos empilés, aux cordes coupées, aux pédales liées, ne seraient pas sans propriétaire. Une vente aux enchères aurait lieu bien après la cérémonie. Braque achèterait l'un d'eux, Derain acquérant, paraît-il, le second. Les deux peintres joueraient à quatre mains. Il n'y a ni frontière ni hiérarchie entre les arts. Cendrars, qui avait tenté tant de fois de braver comme Brancusi l'interdit de Satie de visiter son logis et était venu en catimini afin d'éterniser la maison des Quatre cheminées, continuait avec ses amis d'évoquer la personnalité de celui qu'ils aimaient, admiraient, comprenaient et respectaient pour ce qu'il était, et surtout tel qu'il était. Ce n'était pas un homme comme les autres, soulignait Cage, qui l'aimait pour son caractère. Impossible de l'oublier, rappelait Hockney, dur de la feuille. Il avait un caractère bien trempé, badinait Debussy, ravi de le retrouver pour l'éternité. Malgré son parapluie sans lequel il ne sortait jamais, même quand il ne pleuvait pas, s'extasiait Bob Wilson qui songeait à s'en servir dans un prochain spectacle. Quand il pleut, la pluie seule n'est pas mouillée, se boyautait Allais, orfèvre du bon mot. Satie s'était dépossédé de lui-même, se lamentait Ravel, tout déglingué.

Comme tout créateur, acquiesçait Pina Bausch, qui gardait la tête froide. Il savait que si on ne l'aimait pas aujourd'hui, on l'aimerait demain, se targuait Philip Glass. Quant à son oraison funèbre, couché dans son cercueil où il était plus bas que bas, avant de s'effacer pour toujours, Satie, qui retrouvait goût à la vie, modérant tant d'ardeur, avait confié à John Cage, qui avait ainsi le dernier mot :

— John, tu diras juste : « Il aimait la musique. »

TABLE

Première partie

Chapitre 1. Honfleur, berceau de la solitude... 13
Chapitre 2. Le génie des *Gymnopédies*........ 19
Chapitre 3. Le « Placard » implacable......... 29
Chapitre 4. L'apparence invisible............ 37
Chapitre 5. Le *Sacre* et le *Boléro*............. 49
Chapitre 6. Le seul amour de sa vie.......... 59

Deuxième partie

Chapitre 7. L'accueil d'Arcueil.............. 69
Chapitre 8. Manies, marottes, maniaqueries... 75
Chapitre 9. Des pianos pour quoi faire ?...... 83
Chapitre 10. L'aller-retour à la maison
des Quatre cheminées................. 89

Troisième partie

Chapitre 11. Voyage à Rome 101
Chapitre 12. Le scandale de *Parade* 109
Chapitre 13. Picabia et *Entr'acte* 119

Quatrième partie

Chapitre 14. L'entracte est terminé 131
Chapitre 15. L'avenir de la modernité 143
Chapitre 16. L'art, le silence et le temps 155
Chapitre 17. L'article de la mort 165
Chapitre 18. L'enterrement du premier
de classe 179

DU MÊME AUTEUR *(suite)*

Sur la Belgique

LE MAL DU PAYS, *Autobiographie de la Belgique*, Seuil, 2003 ; « Points », n° P1287.

LA BELGIQUE : LE ROMAN D'UN PAYS, Gallimard, « Découvertes », 2005.

LA SPECTACULAIRE HISTOIRE DES ROIS DES BELGES, Perrin, 2007 ; « Tempus », 2009.

Essais photographiques

LE VISAGE REGARDÉ, *ou Lewis Carroll, dessinateur et photographe*, Créatis, 1982 ; Complexe, 2003.

DIANE ARBUS, *ou le rêve du naufrage*, Chêne, 1985 ; Perrin, 2006.

BILL BRANDT, Belfond/Paris-Audiovisuel, « Les grands photographes », 1990.

TOPOR RIT ENCORE, Maison européenne de la photographie, 1999.

JACQUES-HENRI LARTIGUE, *Les tourments du funambule*, dessin, peinture et photographie, La Différence, 2003.

MAGRITTE ET LA PHOTOGRAPHIE, Ludion, 2005.

Ouvrages illustrés

LE THÉÂTRE DES RÉALITÉS, Contrejour/Metz pour la photographie, 1985.

L'ÉCART CONSTANT, Didascalies, 1986.

FRANÇOIS KOLLAR, éd. Philippe Sers, « Avant-garde et art », 1989.

RENÉ-JACQUES, Mission du Patrimoine photographique, La Manufacture, « Donations », 1991.

ROBERT DOISNEAU, *Portrait de Saint-Denis*, Calmann-Lévy, 1991.

Denise Colomb, Mission du Patrimoine photographique, La Manufacture, « Donations », 1992.
Raymond Voinquel, Paris Audiovisuel, 1993.
Double vie, double vue, Actes Sud/Fondation Cartier pour l'art contemporain, 1996.
Herr Ritts, Actes Sud/Fondation Cartier pour l'art contemporain, 1999.
Picasso érotique, Galerie nationale du Jeu de Paume/ RMN, 2001.
New York, USA, photographies de Dolorès Marat, Marval, 2002.
François-Marie Banier, Photographies, Gallimard, 2003.
L'Œil de Simenon, Galerie nationale du Jeu de Paume/ Omnibus, 2004.
Jan Fabre, le temps emprunté, Actes Sud, 2007.
Les Relations de Monsieur Wiertz, *Wiertz-Witkin, un tête-à-tête criant*, Somogy, éditions d'Art, 2008.
Camille de Taeye, Botanique-La Pierre d'Alun, 2009.
Isolated Rowhouses, Roel Jacobs, Husson, 2012.
Préface de 50s Today, par Charles Chojnacki, Marque belge, 2015.
La Vie comique de Joël Ducorroy, Villa Tamaris, 2016.

Recueils de textes

L'Œil vivant, 52 critiques parues dans *Le Monde*, Les Cahiers de la photographie, n° 21, 1988.
L'Œil multiple, 170 entretiens, portraits et critiques photographiques, parus dans *Le Monde*, La Manufacture, 1992.

L'Œil complice, 25 préfaces sur la photographie de 1983 à 1993, Marval, 1994.

L'Œil ouvert, *Un parcours photographique, 1983-1998*, Nathan, 1998.

Livres d'entretiens

Écoutez voir, *Neuf entretiens avec des photographes*, Paris Audiovisuel, 1989.

Façons de voir, *Douze entretiens sur le regard*, Le Castor Astral, 1992.

Divers

Le Journal d'Aurore, extraits, La Pierre d'Alun, 1994.

Roland Topor, une vie de papier, La Pierre d'Alun, 1998.

L'Ère du double, Marval, 1998.

Le Regard continu, La Petite Pierre, 2005.

Le Journal d'Aurore, *Récit*, Maelström, 2008.

Poèmes (pour rire)

La Belgique en vers et contre tout, *Poèmes macaroniques*, Luce Wilquin, 2003.

Le Cri de la Muette, *Poème symphonique*, éd. Luce Wilquin, 2006.

Théâtre

Pauvre B... !, D'après Baudelaire, *L'Avant-Scène*, n° 642, 1979.

Des trous dans les nuages et Hamlet et les sept nains, *L'Avant-Scène*, n° 656, 1979.

PINOCCHIO, HISTOIRE D'UNE MARIONNETTE, d'après Collodi, *Cahiers théâtre de Louvain*, série « Documents dramaturgiques », n° 5, 1977.

LA MÉMOIRE COURTE, *Conversation sur le Théâtre Provisoire*, La Lettre Volée, 2003.

MOI, RODIN, éd. Hors commerce, 2003.

LA FEMME DE L'HOMME AU CHAPEAU BOULE, *Comédie picturale*, Les Cahiers du Poème 2, 2011.

LA MYGALE, illustrations d'Antoine Roegiers, La Petite Pierre, 2020.

Sur l'auteur

PATRICK ROEGIERS, *ou les anamorphoses d'Orphée*, par Alain Goldschmidt, éd. Luce Wilquin, 2006.

Composition Maury-Imprimeur

Cet ouvrage a été imprimé en février 2025
par CPI Firmin-Didot au Mesnil-sur-l'Estrée
pour le compte des Éditions Grasset
61, rue des Saints-Pères, 75006 Paris.
info@grasset.fr.

PAPIER CERTIFIÉ

Grasset s'engage pour l'environnement en réduisant l'empreinte carbone de ses livres. Celle de cet exemplaire est de :
350 g éq. CO_2
Rendez-vous sur www.grasset-durable.fr

N° d'édition : 23515 – N° d'impression : 182620
Dépôt légal : mars 2025
Imprimé en France